Jean Marc LAZZARON

Le roi de la montagne

L'or du maquis de Chartreuse

CIPANGU

La guerre est parfois un étrange révélateur.
Certains, que rien ne prédispose à cela, deviennent de véritables héros.
D'autres se révèlent comme des êtres immondes.

Ce roman s'appuie en partie sur une histoire vraie. Celle du 3° bataillon FTP de Chartreuse. Que ceux et celles qui en écrivirent l'épopée avec leur courage et leur sang, en soient à jamais honorés.

De tous les personnages du livre, seul celui de Nico est totalement véridique. Si les autres sont pures créations littéraires, cela ne veut pas dire qu'ils n'existèrent pas. Ils regroupent en fait sous un seul nom, les traits et le destin de plusieurs personnes ayant réellement vécu.
Quant au trésor du maquis de Chartreuse, reste à savoir s'il a vraiment existé…

A tous ceux
Qui eurent le courage
De se lever pour résister.

Car j'aime à respirer l'air pur de vos montagnes :
Je suis la Liberté ! La Liberté !

1

Le vieux quai de pierre, qui datait de Richelieu, venait de succéder au sentier de terre.
Marc Falone courait depuis une heure et demie et ses pas le ramenaient vers le centre d'Agde où il logeait dans un petit hôtel tranquille.
Le soleil, encore à demi caché par les bâtiments de la vieille ville, montait dans un ciel d'un bleu sans défaut : il ferait très beau aujourd'hui.
De l'autre côté de l'Hérault, la Cathédrale Saint-Etienne n'était encore qu'une silhouette en contre-jour. Elle pouvait passer pour un château fort*, avec son donjon trapu de 35 mètres et ses murs crénelés en grosses pierres de lave noire. Sa partie gauche, ancien palais des évêques, était occupée désormais par un restaurant. Marc était sidéré de constater que les sous-sols abritaient une boîte de nuit « non-conformiste » réservée aux couples. Il faut dire que le Cap d'Agde, qui était devenu le rendez-vous européen des échangistes, n'était qu'à quelques kilomètres.

** Le bâtiment date de 1173.*

Tout de même, Jésus en aurait fait une jaunisse en voyant cela, lui qui avait chassé *manu militari* les marchands qui ne faisaient que du « business » dans le Temple de Jérusalem.
Le long du quai étaient amarrés de petits bateaux. Plus loin, le pont routier permettait de traverser l'Héraut et de pénétrer dans la vieille ville. On avait découvert sous ce pont, quelques années plus tôt, une superbe statue de bronze d'époque romaine. Cet éphèbe était exposé maintenant dans le musée du Cap d'Agde, avec toutes les autres trouvailles archéologiques faites depuis.
Un peu avant le pont, se balançaient les deux barques de joute du club local. Juste à côté, en retrait du quai, se dressait un gradin métallique accueillant le public les jours de compétition. Un groupe de S.D.F. s'était installé sur les marches, discutant calmement en se passant une bouteille.
Assis près du plan incliné en pierre noire, un homme pêchait.
En s'approchant, Marc s'aperçut qu'il était dans un fauteuil roulant auquel était attaché un chien.
L'homme tourna la tête en entendant les pas de Marc et lui sourit tristement.
C'était un vieil homme au visage bronzé et expressif, dont les traits marqués pouvaient

rappeler ceux d'Anthony Quinn dans le film « les canons de Navarone ».

Le chien, un cocker noir, n'appréciait visiblement pas, le passage du joggeur.

Il se mit à aboyer furieusement en tirant sur sa laisse.

Le vieil homme, tenant sa longue canne avec ses deux mains, tenta de le calmer, mais ne put pas faire grand-chose.

A force de tirer sur sa longe, le chien déplaça le chariot dont les freins se débloquèrent.

Le fauteuil roula quelques centimètres sur le plan incliné, puis la roue droite atteignit le bord du quai. Le chariot bascula dans le vide, entraînant le vieil homme et le chien qui continuait à hurler.

L'eau verte du fleuve se referma sur eux. Seul un remous concentrique, qui s'agrandissait rapidement, témoignait de la tragédie qui venait de se dérouler.

Marc était encore à une dizaine de mètres.

Il accéléra et, sans réfléchir, plongea dans la rivière.

2

L'eau était fraîche et totalement opaque. La chute du vieil homme avait soulevé un nuage de vase noire qui finissait d'obscurcir les eaux sombres de l'Hérault.

La profondeur était faible, quelques mètres à peine.

Marc atteignit rapidement le fond, entraîné par l'élan de son plongeon.

Dans un premier temps, il ne trouva rien. Il était pourtant certain d'avoir plongé au bon endroit.

Il se déplaça de quelques mètres vers l'aval, en cherchant à tâtons dans la vase.

Heureusement, plonger sans visibilité était une chose à laquelle il avait été longuement entraîné par le passé.

Soudain, il repéra une masse dans le brouillard.

Il saisit l'homme par un bras et le tira vers la surface, mais le vieux ne bougea pas d'un pouce.

Marc, passant les mains le long du corps, comprit qu'il était attaché au fauteuil par une ceinture de sécurité semblable à celle des autos.

Marc la dégrafa et tira de nouveau l'homme par le bras.
Bon Dieu qu'il était lourd !
A côté, il distingua la forme du chien toujours attaché au fauteuil. Il n'avait pas le temps de s'en occuper et c'était vraisemblablement déjà trop tard pour lui.
Il essaya de nager vers la surface, mais le poids de l'homme le clouait au fond.
Que c'est dur de nager ainsi quand on est habitué à utiliser des palmes !
Distinguant le fauteuil roulant, il prit appui dessus et poussa vigoureusement de ses deux jambes réunies.
Il creva la surface et constata qu'ils avaient dérivé légèrement.
Soutenant de son mieux la tête du vieil homme hors de l'eau, il atteignit péniblement le quai. Celui-ci était si haut que Marc abandonna toute idée de le gravir avec une telle charge. Il réussit à s'aggriper du bout des doigts à une faille entre deux pierres.
Il ne tiendrait pas longtemps ainsi.
Deux S.D.F. étaient arrivés en courant et se couchant sur le quai, l'un deux lui attrapa le poignet, tandis que l'autre saisit le polo du vieux.

- Tiens bon mon pote, on a envoyé quelqu'un chercher des secours. Lui dit celui qui avait des cheveux longs retenus par un bandeau qui lui donnait l'air d'un indien.
Compte tenu du poids de l'homme inanimé, il était impensable de tenter de le sortir de l'eau, même avec l'aide de ces deux hommes.
Les secondes s'écoulaient lentement.
Une sirène, des portières qui claquent et le quai se remplit d'une foule qui s'active.
Marc n'aperçut que les bottes des pompiers et le bas de leurs pantalons bleus ornés d'une bande de tissu réfléchissant.
L'un d'entre eux n'hésita pas à plonger derrière Marc pour soutenir le vieil homme.
On lui glissa une sangle sous les aisselles et il fut hissé sur le quai.
Marc, à son tour, fut tiré par les bras et se retrouva sur le quai comme un poisson qui vient de sauter de l'aquarium.
A quelques mètres de là, les pompiers tentaient de réanimer le vieux.
- Attention, dit un S.D.F., c'est un handicapé !
On lui appliqua un masque à oxygène et un des pompiers se pencha sur sa poitrine.
- Le cœur bat, mais pas bien fort. Allez, on l'évacue aux urgences !

Tandis que l'ambulance rouge se frayait un passage parmi la foule des curieux accourus, un pompier proposa à Marc une couverture de survie et lui offrit un café chaud qu'il sortit d'un thermos.
Désignant les deux S.D.F. qui étaient retournés sur leur estrade, Marc lui dit :
- Vous pouvez leur en offrir également, ils m'ont filé un sérieux coup de main.
Après le bleu marine des uniformes des pompiers, le quai se teinta du bleu foncé de ceux des gendarmes. L'un deux s'assit près de Marc, faisant attention de ne pas se faire tremper, et commença à prendre sa déclaration.
- Pouvez-vous me donner vos noms et prénoms ?
-Je m'appelle Marc Falone.
- En vacances ?
- Oui, si on veut. Je loge à l'hôtel du Mistral.
-Vous n'avez pas préféré loger au Cap d'Agde, comme tout le monde ?
- Il y a un peu trop de monde et de chemises à fleurs à mon goût. En fait, je suis venu pour voir le Musée de l'Ephèbe, mais aussi le vieux musée d'Agde et la vieille ville.
- Je vois, vous vous intéressez à l'Histoire. Ici, vous avez le choix. Quelle est votre profession ?
- Je suis retraité de l'Armée.

A ces mots le gendarme, qui était aussi un militaire, releva le visage et sourit à Marc.
- Ce qui est bien avec l'Armée, c'est qu'on part en retraite encore jeune. Vous avez l'air en grande forme. Dans quelle unité étiez-vous ?
- Commando marine, nageur de combat.
- Vous étiez à « Hubert*» ? Je comprends mieux votre prestation dans l'eau. Le vieux a eu de la chance de tomber sur vous plutôt que sur moi. Il y serait certainement encore. Comment cela s'est-il passé ?
- Tout simplement. J'ai fait peur au chien en arrivant en courant. Celui-ci a tiré sur sa laisse et a fait basculer le chariot dans le fleuve. J'ai plongé. Savez-vous à quel hôpital les pompiers l'ont emmené ?
- A l'hôpital de Béziers, c'est à 25 kilomètres d'ici. Bon, pouvez-vous passer à la brigade dans la journée, pour signer votre déclaration.
Après avoir remercié les pompiers et les deux S.D.F., Marc repartit vers son hôtel.
Sur le trottoir derrière lui, il laissait une trace humide, comme un escargot.

* *La marine française dispose de six unités de commandos. Le commando Hubert est spécialisé dans l'action sous-marine. Il est basé à Saint Mandrier, près de Toulon.*

3

Le vieil homme avait été installé dans le service des soins intensifs où il avait été transféré après avoir passé quelques heures aux urgences.
Quand Marc poussa la porte de sa chambre, le vieux ne bougeait pas. Il semblait dormir. L'infirmière avait annoncé qu'il était hors de danger mais très faible et qu'il ne fallait pas le fatiguer.
Marc attendit quelques instants, puis se dirigea vers la porte, se disant qu'il vaudrait mieux revenir plus tard.
A ce moment là, le vieux parla sans même ouvrir les yeux :

- Alors, c'est toi le Saint-Bernard qui m'a repêché ?
- Je vous devais bien cela. C'est à cause de moi que votre chien vous a entraîné dans la rivière.
- Quel con ce chien ! Il a toujours ouvert la gueule à tort ou à travers. Maintenant, il n'aboiera plus.

En disant ces mots, le vieux avait ouvert les yeux et Marc pu y voir danser une lueur malicieuse.

- Comment vous sentez-vous ?

- Mal, mais cela fait déjà longtemps. Alors un peu plus ou un peu moins !
- Vous êtes bien traité ici ?
- Ca va, les infirmières sont gentilles. Par contre la bouffe est pas terrible et il n'y a pas même pas un coup de rouge à boire.
L'homme se mit à tousser fortement.
Péniblement, il reprit :
- Et que fais-tu quand tu ne repêches pas des gens ?
- Pas grand-chose. Je me balade. Je suis retraité de l'Armée.
- Moi aussi j'ai été soldat. Il y a des années. J'ai failli me faire crever la peau plusieurs fois et ce n'est pas pour ça que je touche une retraite. Tu es encore jeune. Tu dois t'embêter.
- Oui, heureusement je m'intéresse à l'histoire ancienne. Il m'arrive même de rechercher de vieux trésors perdus.
- Tu es riche, alors ?
- Même pas, la plupart du temps ces trésors n'existent plus. Mais ce qui est passionnant c'est de les chercher, pas forcement de les trouver.
Le vieux resta un instant les yeux dans le vague, puis regarda Marc d'un air triste.
- J'en connais un, moi, de trésor. Un vrai. Il existe bien puisque c'est moi qui l'ai enterré.

En fait je n'étais pas seul, mais je crois bien que je suis le dernier encore en vie aujourd'hui.
Il toussa violemment et ajouta :
- Et on dirait que ce n'est plus pour longtemps. Tu ne crois pas ?
Marc s'était approché et s'assit sur le bord du lit, buvant les paroles du vieux.
Une infirmière entra.
Elle était jeune, la trentaine à peine. Ses cheveux blonds relevés en chignon lui donnaient un air sérieux que démentaient ses yeux rieurs.
Marc se demanda si elle portait quelque chose sous sa blouse.
Il lui semblait que non.
Elle s'adressa à Marc, essayant d'avoir l'air fâché :
- Ce n'est pas la peine de le sortir de l'eau si vous l'épuisez en le faisant parler. Allez ! Il est temps de le laisser se reposer.
Marc se retourna vers le vieux qui lui dit :
- Reviens demain, si tu veux. Cela me fera plaisir.

4

En arrivant le lendemain à l'hôpital, Marc aperçut l'infirmière blonde en grande discussion avec une collègue dans le bureau du personnel soignant.

Il s'approcha pour la saluer et lui demander des nouvelles du vieil homme.

Elle avait un petit nez et les pommettes couvertes de taches de rousseur.

La regardant, Marc se posait à son sujet la même question que la veille.

L'infirmière lui expliqua que le vieil homme, qui approchait de ses quatre-vingts ans, était vraiment très fatigué. Son état de santé, déjà chancelant depuis des années, avait encore empiré depuis sa chute dans la rivière. Il avait avalé beaucoup d'eau impropre et contracté un début d'infection pulmonaire.

Elle lui redemanda de ne pas trop le fatiguer.

Quand Marc entra dans la chambre, le vieux regardait le ciel par la fenêtre. Il sourit en voyant son visiteur sortir de son sac à dos une bouteille de vin rouge et deux gobelets en plastique.

Marc s'aperçut qu'il avait oublié de prendre un tire-bouchon et réussit à ouvrir la bouteille en se servant d'un couteau. Il remplit les deux verres, faisant tomber quelques gouttes de vin sur les draps du lit.

Après s'être installé dans le fauteuil, il demanda, le verre à la main :

- Comment ça va aujourd'hui ?
- Comme hier.
- Quelle est cette histoire de trésor dont vous avez parlé ?
- C'est une longue histoire, l'histoire de ma vie. Si tu as le courage de l'entendre, je peux te la raconter.

Marc s'installa confortablement, posant ses pieds sur une chaise.

- Pas de problème, grand'père. J'ai toujours aimé les histoires.
- Je m'appelle Nicolas mais on m'a toujours appelé Nico. Je suis né à Fontaine près de Grenoble, le 4 mai 1928. Mes parents étaient des immigrés grecs. Leurs ancêtres avaient vécu pendant des siècles, depuis l'époque d'Homère, dans ce que l'on appelait la Grande Grèce et qui est aujourd'hui la côte occidentale de la Turquie. A partir de 1913, Kemal Atatürk et son parti des « Jeunes Turcs » ont mené la conquête de ces territoires et cela a été une tragédie sanglante.

Les Arméniens de Turquie venaient de subir la même chose. Ma mère était de la région de Smyrne, Izmir aujourd'hui. Tous les hommes de la famille ont été tués. Avec ses deux sœurs et sa mère, elle dut fuir devant l'arrivée des troupes turques. Alors qu'elles couraient pour prendre le bateau, la vieille ne put plus suivre. Elle s'est assise sur le bord du trottoir et a demandé à ses filles de la laisser là. Dieu seul sait ce qu'elle est devenue.

Les trois filles se retrouvèrent en France. A Grenoble, ville industrieuse où on avait besoin de main d'œuvre, la communauté grecque était importante.

C'est là que mon père et ma mère se rencontrèrent.

Mon père travaillait aux Ciments de la Porte de France où il déchargeait des wagons toute la journée. Après leur mariage, ils s'installèrent dans une maison appartenant à l'usine. Dans l'appartement d'à côté, vivait Maria la sœur de ma mère dont le mari travaillait aussi aux Ciments.

J'étais un gosse turbulent, préférant courir sur les voies ferrées avec mes cousins plutôt que de faire mes devoirs.

Mon père est mort quand j'avais 9 ans. Le travail aux Ciments était dur, aussi pour tenir, il buvait. Ca l'a tué.
Cela fut très dur pour ma mère. Elle travaillait dans des conditions pénibles dans une usine de peausserie. Malgré le soutien de sa famille, elle perdit peu à peu la raison. Jusqu'à cette terrible nuit de 1942 où il fallut aller chercher le docteur en bravant le couvre-feu et les patrouilles allemandes. Elle fut internée à l'hôpital psychiatrique où elle se laissa mourir.
J'avais quatorze ans. Pour moi ce fut le commencement d'une grande révolte. J'ai refusé de retourner à l'école et j'ai cessé de croire en Dieu. Mon oncle et ma tante me recueillirent comme leur enfant.
Je devins apprentis en serrurerie.
La guerre fut une période très dure à vivre à Grenoble. Nourrir une famille nombreuse avec une paie d'ouvrier n'était pas facile, à cause des rationnements et des pénuries alimentaires. A la nonchalante occupation italienne, succéda la poigne de fer des Allemands qui paralysa de peur la ville.
Début juin 1944, la radio de Londres annonça enfin le débarquement en Normandie. Ce fut un

immense espoir qui précipita de nombreux jeunes dans les maquis.
Un jour, je me heurtais avec mon oncle pour je ne sais plus quel sujet. Il faut dire que je n'étais pas facile. Sortant en claquant la porte, je partis me promener sur la digue du Drac. Un convoi de camions remplis de soldats allemands passait sur le pont. La vue de ces soldats me hérissait. Tout le monde à Grenoble craignait les exactions auxquelles se livraient les troupes d'occupation. Les rafles et exécutions sommaires se succédaient, les brimades de toutes sortes également. Depuis le 20 mars, on avait même plus le droit de circuler à bicyclette dans Grenoble.
Je rencontrais sur la digue un garçon que je connaissais vaguement. Il était cheminot et habitait le même quartier que moi. Il portait un béret enfoncé sur la tête, un sac au dos et il marchait d'un pas décidé, les mains dans les poches.
- Salut Nico. Que regardes tu comme ça ?
- Les Boches. Je me dis qu'un jour il faudra que j'aille donner un coup de main à ceux du maquis.
Le garçon me regarda en silence du haut de ses vingt ans et me dit lentement :

- J'y vais justement au maquis. Si tu veux, tu viens avec moi.
C'est comme ça que je suis « monté » au maquis de Chartreuse, au 3° bataillon FTP*, qui se cachait près du village de Proveyzieux, au-dessus de Saint-Egrève. Comme nous n'avions pas de moyen de locomotion, nous y sommes allés à pied. Depuis Fontaine, cela faisait une trotte.
Je me souviens, il faisait beau.
C'était l'après-midi, on cueillait des cerises en route. Mon camarade savait où il m'emmenait. Il était bien renseigné.
La proximité de Grenoble, à peine quinze kilomètres, pouvait étonner. C'était un site idéal pour pratiquer la guérilla sur la ville et contrôler la vallée de l'Isère en direction de Lyon. Les routes d'accès difficile du massif assuraient une certaine sécurité en cas d'attaque motorisée et il y avait des forêts profondes pour disparaître. Oui, c'était un bon endroit pour un maquis.
Le vieux se mit à tousser et Marc en profita pour lui demander :
- Les FTP, les maquis communistes. Vous étiez déjà communiste avant d'aller au maquis ?
- A seize ans je ne savais même pas ce que c'était.

** FTP ou FTPF : Francs Tireurs Partisans Français.*

Si mon camarade m'avait emmené chez un maquis de l'AS*, cela aurait été pareil pour moi. Mais c'est vrai que mon état d'ouvrier, mon milieu social et mon esprit de révolte m'auraient poussé vers les Communistes, si j'avais pu choisir.

- Vous étiez nombreux ?

- Dans ma compagnie, nous étions environ une quarantaine. Le bataillon comptait une centaine d'hommes répartis en quatre compagnies dont trois étaient cachées dans la partie ouest de la Chartreuse, suffisamment proches pour pouvoir se protéger mutuellement en cas de besoin. La deuxième compagnie était installée aux Marcellières, au-dessus de Proveyzieux et la troisième occupait l'ancien couvent de Currière, entre le col de la Charmette et Saint-Laurent du Pont. Tu vois, comme ça, on risquait moins de se faire anéantir par une attaque surprise. A Pomarey, on a pris la route du hameau de Planfay. C'est là qu'on a rencontré le premier poste de garde.

** A S : Armée Secrète. Groupement des mouvements de résistance non communistes : Combat, Libération et Franc-Tireur.*

5

Peu après les dernières maisons du hameau, la route se glissait entre deux énormes rochers qui faisaient penser aux piliers d'un portail. Quatre hommes nous regardaient approcher. Ils étaient vêtus en civil, avec des habits de paysans ou d'ouvriers et étaient armés de quelques pétoires et de fusils de chasse. L'un d'entre eux, un grand gaillard au visage tout rouge, nous interpella.
- Qui va là ?
- Amis, répondit le cheminot et il s'avança pour chuchoter un mot de passe que je n'entendis pas.
- C'est bon, mais qui nous amènes-tu là ?
- C'est un jeune de mon quartier, il est réglo et c'est un coriace.
Les quatre hommes me regardaient en souriant.
- C'est un maquis de combattants ici, pas un jardin d'enfants.
Les autres rigolaient maintenant franchement.
La colère commençait à me monter à la gorge.

- Je suis venu pour me battre, vous verrez bien ce que je peux faire, tout petit que je suis !
Il faut dire que je n'étais pas grand. Je n'ai jamais mesuré plus d'un mètre cinquante. Mais dans mon quartier, ma taille ne faisait rire personne car tout le monde savait que je boxais sec pour mon âge.
L'homme au visage sanguin sembla hésiter un moment, puis il se décida.
- Allez, vous pouvez monter. Jeannot va vous accompagner. Mais il faut te choisir un nom de guerre, me dit-il. Ici, on ne connaît personne par son vrai nom.
Un des autres hommes lança :
- On n'a qu'à l'appeler Petiot* ? Vu sa taille, on ne pourra pas le confondre.
Un nouvel éclat de rire secoua le groupe et je me demandais comment je devais le prendre.
Le rougeaud trancha :

**L'homme faisait référence à un fait divers qui avait défrayé la chronique en 1943. Le docteur Petiot organisait des voyages clandestins pour les juifs. En échange de leur argent, il leur promettait l'Amérique. Mais plus aucun de ses « patients » ne donnera de nouvelles. La police allemande le prend pour un résistant .En perquisitionnant sa clinique de la rue Lesueur à Paris, on retrouvera des restes humains dans la cave ...*

- Va pour Petiot, ça te va comme un gant.
Allez-y maintenant et dites aux autres de nous faire descendre à boire, on crève de chaud avec ce soleil.
On a continué la route étroite qui serpentait dans la forêt.
Celui qu'on appelait Jeannot était un garçon d'à peine vingt ans, mais qui était taillé en véritable hercule. Il avait un torse comme une barrique, qu'il dissimulait sous un pull de laine marron. Il portait un béret enfoncé sur son front.
Tu n'as pas chaud avec ça ?
- Non, j'ai rarement trop chaud et puis la nuit il fait froid dans ces montagnes. Que faisais-tu en ville ?
- J'étais apprenti chaudronnier et toi ?
- J'étais bûcheron. Je suis du coin, de la Chartreuse. Enfin, un peu plus loin, de l'autre côté de Saint-Laurent du Pont.

... parfaitement aménagée pour sa funeste besogne. Des centaines de valises pleines d'effets seront également retrouvées. Arrêté, le docteur Petiot parvient à s'enfuir. Il réapparaîtra en uniforme de capitaine FFI en octobre 1944 et sera arrêté près d'une station de métro. A son procès, on lui reprochera 27 assassinats, il en reconnaîtra 63. Il sera guillotiné le 26 mai 1946

La route débouchait sur une clairière adossée à la montagne. En lisière du bois, se dressaient quelques baraques de bergers autour desquelles se trouvait un groupe d'hommes.
- Voila, vous êtes arrivés. Bienvenue à Girieux, à la première compagnie du troisième bataillon FTP. Tu vas voir, reprit- il à mon égard, ici, y a que des durs.
L'accueil fut sympathique mais sans effusion. Il faut dire que des nouveaux arrivaient chaque jour ou presque. Le commandant de la compagnie écouta ma courte histoire et m'expliqua que mon jeune âge lui imposait de me tenir éloigné des opérations de guerre. Il me confia à la bienveillance du cuistot.
Le lieu pompeusement appelé cuisine se trouvait en plein air, près d'une cabane qui servait de réserve. Elle se composait d'un vieux poêle, d'un foyer entre des pierres et de quelques bassines.
C'est ainsi que peu à peu j'ai pris ma place dans le groupe. J'aidais le cuistot à résoudre le problème chaque jour renouvelé de nourrir cette troupe affamée avec les rares provisions qui parvenaient au campement.
Jeannot venait souvent discuter avec moi, quand il n'était pas de garde ou parti pour des missions mystérieuses dans la vallée, qui me laissaient rêveur et malade d'envie. On était devenu bons

amis. Il m'apprenait chaque jour de nouvelles choses : connaître les différents membres du groupe, mais surtout la montagne et la forêt. Les arbres et les animaux n'avaient pas de secret pour lui. Il pouvait parler des heures, et moi je buvais ses paroles.
Un matin de fin juin, alors que je m'apprêtais à partir chercher de l'eau, un avion allemand surgit au dessus des arbres et attaqua le camp. Il fit plusieurs passages en nous mitraillant. Tout le monde avait pu bondir dans les bois. Les seules victimes de l'attaque furent les bassines de la popote et quelques vaches dans la clairière.
Le soir même, le commandant de la compagnie nous ordonna d'abandonner ce campement trop près de la vallée. Depuis quelques semaines, on sentait la pression ennemie qui grandissait contre les maquis. Déjà, le 7 juin, la Milice avait détruit l'infirmerie des FTP sur la route de Clémencière. On savait aussi que les Allemands voulaient attaquer le Vercors. Du 13 au 15, une bataille avait eu lieu à Saint-Nizier, village que les soldats avaient incendié avant de redescendre vers Grenoble, n'osant s'aventurer plus avant dans le massif. Il ne s'agissait que de la répétition d'un drame que nous sentions proche.

Nous avons chargé sur notre dos matériel et provisions, pour rejoindre l'état major du bataillon au col de la Charmette.

6

Au col de la Charmette, un peu sur le côté, se trouvait un bâtiment qui appartenait aux Eaux et Forêts. La guerre en avait fait fuir les occupants et l'état major du bataillon s'y était installé.
On l'appelait le chalet, malgré ses murs de pierres et son toit de tôles.
Il était suffisamment grand pour abriter également la 1ère compagnie.
Là-haut, on se sentait bien loin de la vallée.
La vue donnait sur l'intérieur du massif de la Chartreuse qui n'était que sommets et vallées profondes.
Comme nous étions plus loin encore des villages, amener le ravitaillement devenait plus difficile.
Un matin, on nous amena une mule qui permettait de porter la charge de plusieurs hommes. C'était une bête d'une dizaine d'années, au caractère bien trempé, que je surnommais Magali.
Je devins rapidement son cavalier le plus assidu, me portant volontaire le plus souvent possible pour descendre chercher les victuailles. C'était pour moi la possibilité d'échapper à l'ennui de la

vie de cuistot qui ressemblait si peu à l'idée que je m'étais faite de la vie dans un maquis.
Je n'étais pas le seul à apprécier l'équitation.
Au col, près de la vieille croix, un chemin de terre longeait la forêt : il devint vite notre champ de course. Nous étions en effet un petit groupe, parmi les plus jeunes de la compagnie, à galoper régulièrement sur ce terrain. C'était à celui qui courait la longueur le plus vite possible.
Un jour où j'épluchais des patates, assis à la table, au soleil devant le chalet, le commandant s'arrêta près de moi, semblant me voir pour la première fois depuis des semaines.
- Tiens, Petiot. Il est temps que tu apprennes autre chose qu'à faire la tambouille. Cette nuit tu monteras la garde avec le Rital.
Quelle fierté ! Enfin je devenais un combattant. Du moins, c'est ce que je pensais sur le moment.
Parmi les hommes du maquis, peu avaient une véritable formation militaire. Quelques rares sous-officiers de carrière et d'anciens mobilisés de 1940 servaient d'instructeurs. L'un d'eux était ce « Rital », déserteur de l'armée italienne d'occupation.
Il n'avait pas trente ans, mais la nonchalance soigneusement calculée d'un homme qui a déjà beaucoup baroudé. Il portait toujours son uniforme italien avec le col orné d'étoiles. Il

souriait et chantonnait sans cesse une chanson, alors très en vogue chez nous : le chant du maquis corse.
Quand il ne la chantait pas, il la jouait sur son harmonica.
Le soir, après la soupe, le Rital vint s'asseoir près de moi.
Il posa sur la table un révolver que je regardais avec convoitise.
- Sais-tu t'en servir ? Non. Regardes, c'est simple.
Il me montra comment charger et décharger l'arme, puis comment viser et tirer.
Il me confia l'arme et quatre malheureuses cartouches.
Alors que ceux qui n'étaient ni de garde, ni désignés pour une des missions qui se déroulaient quasiment chaque nuit, allaient se coucher, nous nous sommes postés le long de la route, un peu avant le col.
La lune était pleine et innondait les montagnes d'une clarté inquiétante.
Le Rital chercha un coin où s'installer et s'arrêta près d'un tronc couché, derrière lequel il me demanda de me dissimuler.
Je tremblais qu'il me demande de rester seul dans ce bois lugubre, mais il s'assit près de moi en chantonnant entre ses dents.

Le temps s'écoulait lentement.
- Que faisais-tu avant de venir ici ? me demanda t-il.
- J'étais apprenti chaudronnier. Et toi ? Osais-je demander.
- Tu peux m'appeler Guido. Moi, j'étais fasciste, répondit-il en souriant de toutes ses dents que la lune faisait briller.
Devant mon air étonné, il reprit.
- Enfin, c'est pas si simple que cela. Je suis d'une petite ville nommée Castelfranco, à une cinquantaine de kilomètres de Venise. De toutes les villes de Vénétie, c'est la seule qui a pour emblème un lion dont la patte repose sur un livre fermé. C'est parce qu'elle est franche, c'est-à-dire qu'elle ne payait pas d'impôts à la Sérénissime. Mon père était le responsable du parti fasciste local et tout naturellement, ma sœur et moi, avons fait partie des jeunesses Mussoliniennes : les GIL. De 4 à 8 ans, nous avons été « Figli della lupa », de 8 à 14 ans : « Balilla », de 14 à 18 ans : « Avanguardista » et de 18 à 21 ans : « Giovanni fascisti ».
Toute ma jeunesse, j'ai participé aux « samedis fascistes », où je défilais vêtu d'une chemise noire et d'un foulard bleu, derrière des tambours battant à l'unisson. Au centre de Castelfranco, il y a l'ancien bourg médiéval entouré de ses

remparts intacts et de ses douves remplies d'eau où nagent des canards. Une large avenue en fait le tour. Chaque semaine, nous défilions autour de la vieille ville en chantant à tue-tête. Et moi j'étais fier, car du haut des remparts, ma cousine Antonella venait me voir défiler. J'ai toujours été amoureux de ma cousine. Elle a les cheveux clairs comme les blés et un air hautain qui me fait battre le cœur. Voila comment j'ai passé ma jeunesse. Comme de nombreux Italiens, ce que j'aimais dans le fascisme, c'étaient les tambours et le regard admiratif de ma « bien-aimée ».

Quand j'ai eu 20 ans, on m'a enrôlé dans l'armée et envoyé rejoindre mon père qui commandait un régiment en Libye. J'y suis arrivé juste à temps pour participer, en septembre 40, à l'invasion « héroïque » de 100 kilomètres du territoire Egyptien, occupé depuis des siècles par les Anglais.

En décembre, j'étais dans le fort de Maktila quand la contre-attaque anglaise nous a surpris au petit jour. Le commandant du fort, un centurion des chemises noires, a fait aligner les 500 hommes, hisser un drapeau blanc et porter un message aux Anglais déclarant que nous nous rendions après avoir tirer toutes nos munitions. J'étais fou furieux. Les réserves étaient pleines et pas une caisse n'avait été entamée. L'officier m'a dit que c'était lui qui commandait et que je n'avais qu'à obéir ! Je me suis sauvé dans la tempête de sable qui se levait et j'ai rejoint Sidi Barrani, où l'armée italienne levait le camp en vitesse. On a fui sur 800 kilomètres avant que l'Afrika Korps de Rommel nous oblige à faire les mêmes 800 kilomètres dans l'autre sens, aux trousses des Anglais.

Quand je repense à cette période, je ne me souviens surtout du sable qui s'insinuait partout, de la chaleur insupportable et des mouches qui ne laissaient jamais en paix.

Je me souviens aussi que tous les soirs, les combats s'arrêtaient et que tout le monde : Allemands, Anglais, Italiens, écoutaient Radio-Belgrade à 21 h 57 précises pour entendre Lale Andersen chanter en allemand « Lily Marlène ». Cette triste et voluptueuse chanson d'une fille postée sous un réverbère à la porte d'une caserne, était devenue le crève-cœur de tous les soldats du désert. Moi, elle me faisait penser à ma cousine Antonella.

A la fin de la chanson, les combats reprenaient.

C'est à cette époque que j'appris que mon père s'était fait tué à la tête de son régiment d'Arditi, les troupes de choc en chemise noire.

Alors, par respect pour le « grand héros » qu'était mon père, on m'a renvoyé en Italie. Cela

m'a évité de refaire les 800 kilomètres vers l'est quand les Anglais ont de nouveau contre-attaqué, quelques semaines plus tard.
En Italie, l'ambiance avait bien changé. Les gens s'étaient lassés des gesticulations des fascistes, maintenant que chaque famille pleurait un homme tué à la guerre. Les Italiens préfèrent les chansons au bruit du canon. Ma cousine aussi n'était plus intéressée par les défilés. Elle m'a fait comprendre qu'il était temps pour elle de chercher un homme qui gagnait bien sa vie et qui lui assurerait le rang qu'elle désirait tenir.
Je n'ai pas eu le temps de me désoler car on m'a envoyé en France où l'Italie venait d'envahir les départements des Alpes pendant que les Allemands envahissaient la zone libre.
A Grenoble, j'ai rejoint la division alpine Pasteria. Grâce à mes états de service en Afrique, j'ai été nommé sergent. C'était une vie tranquille, dans cette ville où il y avait de nombreux immigrés Italiens. On faisait mollement des opérations de police contre les résistants, mais surtout on attendait que la guerre finisse.
En juillet 1943, les Italiens, vraiment lassés de la guerre, ont destitué Mussolini. Le 8 septembre, le Maréchal Badoglio, qui dirigeait le nouveau gouvernement, a signé une reddition avec les

Alliés. Aussitôt, les Allemands ont pris le contrôle des zones occupées par les Italiens. A Grenoble, une colonne de soldats Allemands venant de Valence est arrivée dans la soirée du 8. Dès leur arrivée, les officiers Allemands ont invité les officiers Italiens à dîner. Au dessert, les Allemands ont sorti leurs pistolets et fait prisonniers les Italiens.
Pendant ce temps, les hommes de troupe Allemands encerclaient les casernes où nous étions cantonnés.
Moi, je dormais quand un soldat est venu me chercher. Ca criait fort au poste de garde. On avait reçu des ordres quelques jours auparavant, signifiant qu'il faudrait se défendre en cas d'agression. Des coups de feu ont éclaté et rapidement tout s'est embrasé. *
Quand j'ai compris qu'on n'aurait pas le dessus, je me suis enfui. Je n'avais ni envie de servir les Allemands, ni d'être prisonnier.
Je courais dans les rues de Grenoble en me demandant où je pouvais me réfugier.
Je me suis alors souvenu de ce bistrot de Fontaine où je m'étais arrêté au retour d'une promenade en bicyclette un dimanche. Il s'appelait « la Guinguette » et il y avait un air d'accordéon qui s'en échappait. Le patron était un de ces Italiens qui avait fuit le pays à cause

des fascistes avant guerre. J'ai bien vu qu'il n'appréciait pas ma présence quand il a vu mon uniforme. Mais il était originaire d'un petit village situé à trois kilomètres de Castelfranco et il connaissait mes oncles qui étaient paysans.
On avait parlé du pays et je ne sais pas pourquoi j'étais sûr de trouver refuge chez lui.
**Les combats firent plus de cent morts ce soir-là.*
Quand je suis arrivé au pont du Drac, je me suis souvenu que nos soldats occupaient des postes faits de sacs de sable à chaque extrémité : deux soldats et un caporal. Celui-là, je le connaissais : c'était un Turinois pas très malin.
Quand il m'a vu arriver en courant il m'a demandé :
- Sergent ! Que fais-tu là ? Que sont ces tirs qu'on entend dans la nuit ?
- Les Allemands attaquent les Italiens.
- Et où vas-tu ?
- Je file, je ne reste pas avec ces « Alliés » qui nous remercient à coup de fusil. Viens avec moi, on essaiera de rentrer en Italie.
- Je ne peux pas, Sergent, ça ne se fait pas !
- Comme tu veux, je t'aurai prévenu !
Je suis reparti en courant en longeant les murs.
Quand je suis arrivé au bistrot, j'ai frappé à la porte de la cuisine qui donnait sur le côté. Le propriétaire est venu ouvrir et fut inquiet de

découvrir un soldat en uniforme. Il me reconnut mais cela ne le rassura à peine.
- Que veux-tu ?
- Les Allemands tirent sur les Italiens ! Caches – moi !
- Tu es fou ! Ce n'est pas mon problème. J'ai quitté l'Italie pour fuir les Fascistes, ce n'est pas pour me mêler de leurs histoires maintenant !
- Tu ne vas pas laisser un homme de ton village dans la rue !
Ces mots le firent réfléchir. On entendit plus haut sur l'avenue, arriver un camion qui, en pleine nuit, ne pouvait être qu'un véhicule militaire.
Il me prit pas le bras et me fit entrer.
Le propriétaire, qui était déjà âgé, avait une femme et trois jeunes garçons.
Je restais caché dans la cave au milieu des bouteilles vides.
Le lendemain, le patron vint me trouver.
- Tous les quinze jours, je vais avec mon vélo et ma remorque chercher un tonneau de vin dans une ferme du côté de Noyarey. J'en ai le droit, pour le bistrot. Demain, j'y retourne. Mais dans la remorque, sous la bâche, c'est toi qui seras caché.
- Et où m'emmènes-tu ? C'est en Italie que je veux aller.

- Oublies ce rêve, les Allemands ont coupé toutes les routes et tu n'iras pas loin. J'ai parlé de toi à des clients que je sais liés à la Résistance : des communistes. On a rendez-vous avec eux sur la route.
On s'est arrêté dans un coin tranquille. Deux hommes nous attendaient près d'un camion à gazogène. Ils furent très intéressés de voir que j'avais conservé mes armes.
L'un d'eux dit au patron du bistrot :
- C'est un acte de résistance que vous avez accompli là.
- Pas du tout, répondit l'homme, je ne suis qu'un Italien qui donne un coup de main à un autre Italien.
Je cherchais comment le remercier. Je ne trouvais dans mes poches qu'un paquet de cigarettes italiennes, des « Macédonia ».
Allongé à l'arrière du camion, je vis disparaître cet homme qui me faisait de grands signes, sa casquette à la main.
C'est comme cela que je suis arrivé ici.
La nuit avait passé comme un éclair. L'histoire de Guido m'avait captivé.
Vers l'est le ciel commençait à s'éclaircir.
- Que penses-tu faire après la guerre ? lui demandais-je ?

- Je rentrerai au pays, j'ouvrirai un restaurant et je demanderai en mariage ma cousine Antonella. Il y a longtemps que j'y pense. Mais pour cela, il me faut de l'argent. Et toi ?
- Je n'en sais rien, pour l'instant, je veux juste me battre !
Guido secoua la tête et allait répondre quand deux coups de feu claquèrent tout près de nous.
- Merda, cria Guido, on s'est fait surprendre comme des gosses !
Tremblant comme une feuille, je sortis le révolver de son étui, essayant de me souvenir comment il fonctionnait.
Guido épaulait sa carabine et allait ouvrir le feu quand une voix sortit de l'ombre de la forêt.
- C'est bon, calmez-vous, c'est nous de l'état major.
Les officiers du bataillon avaient choisi cette nuit de pleine lune pour tester la qualité des gardes.
- Alors, le Rital, c'est comme cela qu'un vétéran d'Afrique sait monter une garde ?
Guido, penaud, écartait les bras dans un geste d'impuissance.
- Vous étiez en train de discuter ! La « tchatche », c'est ce qui vous perdra toujours les Italiens !

7

Un jour, on me demanda de monter au Charmant Som où, parait-il, un berger était disposé à nous céder une de ses bêtes.

Je partis avant le jour, monté sur la mule, comme un cow-boy en route pour l'aventure.

Le chemin grimpait sec dans la forêt qui paraissait retenir la nuit comme pour mieux me cacher.

Magali avançait d'un pas régulier, elle semblait connaître le chemin.

La piste rejoignait une route qui débouchait sur un alpage et après le huis clos de la forêt, j'eu l'impression d'être visible du monde entier sur cet espace découvert.

J'avançais jusqu'aux deux cabanes de pierres au toit de tôles qui se tenaient comme accroupies dans un pli de terrain.*

Derrière, l'alpage s'élevait en pente régulière vers le sommet.

**De nos jours, on peut y acheter de bons fromages et de savoureuses tartes aux myrtilles faites par les bergers.*

Du matériel étalé autour des cabanes montrait qu'elles étaient habitées mais j'eus beau appeler, personne ne se montra.
J'entendis aboyer et je distinguais là-haut, les ombres d'un troupeau.
Je repris le sentier en lacets qui conduisait vers le sommet couvert de rochers blancs, tandis que le soleil sortait de derrière les hautes montagnes qui, là-bas, nous séparaient de l'Italie.
Le chien, dressé sur un rocher, aboyait joyeusement pour prévenir de mon arrivée.
Le berger se trouvait près du sommet, au milieu de ses bêtes, assis sur une sorte de trône en pierres sèches dirigé vers l'est.
Il me regardait monter vers lui sans bouger, ne voulant manquer sous aucun prétexte les premières caresses du soleil.
Arrivé devant lui, je mis pied à terre.
Il était assez jeune, trente ans peut-être, bien qu'à l'époque je le trouvais vieux.
Il portait de longs cheveux blonds et une barbe bouclée qui lui donnait un air de Christ.
- Salut, tu es Emmanuel le berger ? Je suis …
- Je sais qui tu es. Tu es un de ceux qui se cachent. Je t'attendais. Viens boire un café.
Il m'offrit un café qui n'en n'avait que le nom car fait d'orge grillé. La vue autour de nous était à couper le souffle. Maintenant le soleil montait

rapidement et sa chaleur chauffait délicieusement mon dos.
- La vie est belle pour toi. Assis sur ton trône, tu cs lc roi dc la montagnc.
Il rit et répondit :
- Il n'y aurait qu'un fou pour se dire le roi de la montagne. Ici, un homme n'est rien qu'une puce sur le dos d'un chien. Il gratte un peu et puis disparaît. Non, je ne suis roi de rien et c'est très bien ainsi. Je ne possède rien mais j'ai tout cela. Dit-il en montrant le panorama. Je n'ai pas d'ennemis et je n'ai pas à me cacher dans la forêt comme vous, je n'ai pas de troupeau et je bois du lait et mange du fromage tous les jours. Non, il n'y a pas de roi ici, sauf peut-être lui qui voit tout et sait tout ce qui se passe dans ces montagnes.
Il me montrait un grand rapace qui planait en décrivant de grands cercles au-dessus de nous.
- A qui est ce troupeau, s'il n'est pas à toi ?
- Aux Pères Chartreux comme toutes les montagnes, les bois, les alpages, les haberts et les ruisseaux qui forment le Grand Désert .*

** Dés l'origine, les Chartreux ont contrôlé de façon presque militaire les entrées des étrangers sur leur territoire. Des portes en fermaient les routes, et des oratoires et des rochers gravés indiquaient sur tous les chemins qu'on entrait dans une zone interdite.*

Il m'entraîna au bord du vide où était plantée une vieille croix de bois et me montra dans la vallée le village de Saint-Pierre de Chartreuse. Plus au nord, on distinguait dans une petite combe, le monastère de la Grande Chartreuse précédé d'un autre corps de bâtiments plus petit nommé la Correrie.*

- Tu vois d'ici je peux voir mes employeurs. Mais dis-moi, tu es bien jeune pour te cacher.
- Je suis venu pour me battre mais je ne peux pas car il n'y a pas d'arme pour moi.
- C'est important de se battre ?
- Oui, c'est important. Toi, ici, tu ne te rends compte de rien. Mais en bas, dans la vallée, les Allemands tuent et torturent. Il faut les chasser de France !

Il me regardait pensivement en grattant sa barbe.

- Alors, il te faudrait un fusil. Vas voir de ma part Frère Lionel à la Correrie. C'est le Maître des Bergers de l'Ordre. Il m'a dit un jour qu'il avait caché un fusil dans le jardin potager. Il te le donnera sans doute. Allez, viens, je vais te donner le veau que tu es venu chercher.

* *La Correrie est la maison basse qui accueillait les frères alors que les pères logeaient plus haut au Monastère. Depuis 1957, la Correrie abrite un musée consacré à l'ordre des Chartreux.*

Il m'entraîna auprès d'un veau couché près d'un gros rocher. Sa patte formait un angle étrange et une vache léchait la blessure sans arrêt.

- Avant-hier, un avion allemand m'a survolé à basse altitude. Il voulait voir si je n'étais pas l'un des vôtres. Le veau a pris peur et est tombé entre les rochers, il s'est cassé la patte. Il est foutu, je n'ai rien pour le soigner. Autant vous le vendre, cela vous fera quelques rôtis.

- Tes patrons sont d'accord ?

- Dis-toi bien qu'ils sont au courant de tout.

Il attacha le veau qui meuglait lamentablement sur le dos de ma mule. Je m'installais derrière la pauvre bête et avant que je ne puisse attraper les rênes, la vache fit mine de charger. Magali partit comme une balle, droit sur le précipice et je crus que ma courte histoire se finissait là.

Je maîtrisais la mule de justesse et repartis au trot vers le col de la Charmette, sans avoir pu saluer le berger.

8

Le lendemain, je demandais au commandant l'autorisation de m'absenter. L'idée que j'aille chercher une arme n'était pas pour lui déplaire. Il me mit en garde contre les risques de mauvaises rencontres et surtout celui d'être suivi à mon retour.

Le trajet jusqu'à la Correrie me prit plusieurs heures.

En arrivant devant ce bâtiment imposant aux grands murs blancs et aux toits d'ardoises, je me sentis tout intimidé.

Je frappais à la grande porte et un moine me demanda ce que je voulais.

Je voulais voir le Frère Lionel. Il referma la lourde porte, me laissant attendre sur le perron.

Le Frère Lionel était un grand bonhomme avec un air doux.

- Que veux-tu ?
- Parler à Frère Lionel, le maître des bergers.
- Que lui veux-tu ?
- Lui demander quelque chose que je ne peux demander à un autre.
- Je suis Frère Lionel, alors que veux-tu ?
- C'est vraiment vous ?
- Tu peux me croire.
- J'ai rencontré Emmanuel, le berger.

- Comment va-t-il ? demanda-t-il en regardant instinctivement vers le Charmant Son.
- Il va bien. Il m'a dit que vous aviez caché un fusil.
Le religieux fronça les sourcils.
- Que veux-tu faire avec un fusil ?
- Me battre.
- Est-ce bien Chrétien de se battre ?
- Est-ce Chrétien de laisser les Allemands tuer et ravager notre région ?
- Tu as raison, viens avec moi.
Nous fîmes le tour du bâtiment, pour arriver à un grand jardin potager. Sans hésiter, le religieux prit une bêche et retourna un endroit précis du jardin.
Il déterra un colis enroulé dans une toile cirée soigneusement ficelée.
Il coupa la ficelle et du paquet jaillit un long fusil Lebel modèle 1886 M 93. Cette arme, qui fut le principal fusil de l'armée française pendant la première guerre mondiale, était totalement dépassée en 1944. Mais c'était le sésame qui ferait enfin de moi un combattant.
Le religieux, après me l'avoir montré, remit le fusil dans son paquet et me tendit le tout.
- Fais attention à toi en remontant vers le col.
- Qui vous dit que je viens de là ?

- Nous savons tout ce qui se passe sur nos terres et puis, je me doute bien que tu ne n'arrives pas de la ville, dit-il en regardant mes souliers couverts de boue.
- Merci beaucoup.
- Que Dieu te protège.
J'étais déjà parti, emportant mon trophée, le cœur battant à tout rompre d'excitation et de crainte de croiser une patrouille.
J'arrivais au col à la tombée de la nuit.
Avant de passer les postes de garde, je m'étais débarrassé du paquet de toile cirée et je portais l'arme fièrement sur l'épaule, comme je l'avais vu faire à la parade du 14 juillet.
Les sentinelles m'accueillirent joyeusement et l'un deux cria :
- Voilà Petiot qui revient avec de quoi flinguer toute l'armée allemande.
Je fus entouré par les camarades qui venaient voir mon arme et me féliciter.
Jeannot ne cessait de me donner de grandes claques dans le dos et Guido me fit un clin d'œil.
Je guettais la réaction du commandant.
Celui-ci approcha, prit mon fusil en main pour le regarder de près et me dit :
- Il est presque aussi grand que toi, on dirait que tu portes une paire de skis. Enfin, le principal

c'est que tu aies une arme. Dès demain, tu laisses tomber la cuisine et tu apprends à t'en servir.

Le lendemain, on me confia à un autre « instructeur ».

Son nom de guerre était « Renard », sans doute à cause des mèches rouges qui dépassaient de son béret. Jeannot m'avait raconté que c'était aussi parce qu'il était très malin. Il avait fait la guerre d'Espagne dans les Brigades Internationales où il avait appris à combattre. C'était un Communiste pur et dur, peut-être le plus décidé de la compagnie.

Il était grand, avec un corps sec et noueux et portait en permanence un foulard rouge autour du cou.

Il m'entraîna dans le grand champ derrière le chalet et me montra comment démonter et remonter mon fusil.

- C'est un bon fusil que tu as récupéré. Il est très précis. Mais il a aussi beaucoup de défauts. Il est trop long et trop lourd pour la guérilla. Et puis, il utilise un magasin tubulaire de huit cartouches, ce qui le rend difficile à recharger, alors que les fusils modernes utilisent des chargeurs ou des lames chargeurs. Tu vas pouvoir tirer avec, pour te rendre compte. Mais fais bien attention car tu n'as droit qu'à une seule cartouche, d'abord parce qu'on n'en a pratiquement pas et ensuite

parce qu'on a peur que les tirs fassent accourir ici les patrouilles allemandes.
Je m'allongeais derrière mon fusil, visais longuement un rocher au bord de la forêt et tirais en fermant les yeux. Le bruit roula le long de la montagne et chacun s'interrompit pour écouter ce prémisse de combats futurs.
- Voila, en théorie tu sais te servir de ton arme. En réalité, je te plains si tu dois te servir de cette pétoire. Ce qu'il te faudrait, c'est une arme moderne, une mitraillette Sten, ou une Thomson Colt. Mais nous, les FTP, on n'a jamais droit aux armes parachutées. Pourtant on fait partie de la résistance unifiée, mais ceux de Londres comme ceux d'Alger ont encore peur de nous.
- Il paraît qu'il y a eu un grand parachutage de jour sur le plateau du Vercors le 14 juillet et qu'il y a des armes légères pour toutes les unités du maquis et pas seulement celles du Vercors.
- Oui, il paraît. Mais je le croirais quand je verrais les armes ici.
Quelques jours plus tard, un messager nous apporta la terrible nouvelle. Le 21 juillet, le massif du Vercors avait été attaqué et investi par 15 000 soldats Allemands. Les maquis ont été anéantis et la population massacrée.

Non seulement nous ne recevrions jamais les armes promises, mais nous en étions sûrs, les Allemands allaient maintenant se retourner contre les maquis de Chartreuse.

9

Début août, la 1ère compagnie s'est installée au habert de Malamille. Ainsi, on couvrait le côté est du massif du Charmant Son, évitant d'être surpris par une action ennemie menée à partir de Saint-Pierre de Chartreuse.
Le habert est un groupe de bâtisses dans une clairière, où les bergers gardaient leurs bêtes et produisaient leurs fromages.
Celui de Malamille comportait trois bâtiments : une grande étable, une petite fromagerie qui nous servait de cuisine et une maison à étages où nous logions.
Depuis notre nouveau campement, nous pouvions voir, de l'autre côté de la vallée, l'imposant monastère de la Grande Chartreuse.
Après l'assaut du Vercors, les Allemands s'étaient retournés contre les maquis de l'Oisans.
Nous restions persuadés que notre tour était proche et le manque d'armement nous inquiétait vivement.
Depuis juillet, le bataillon avait intensifié ses actions de guérilla contre l'occupant. Chaque nuit, des équipes partaient pour des opérations

mystérieuses et quand elles revenaient au petit jour, les hommes racontaient avec de grands gestes des faits d'armes qui me faisaient trépigner d'impatience. Parfois, l'un d'eux ne revenait pas et les autres évitaient d'en parler.
Je cherchais à savoir ce qu'étaient ces missions. On me racontait alors la voie ferrée entre Grenoble et Lyon constamment dynamitée, les accrochages avec les patrouilles allemandes ou de la Milice, les contrôles routiers et les opérations de réquisition de matériel dans les entreprises de la région.*
On me racontait, mais on ne m'emmenait pas. Chaque soir, je guettais le regard du commandant, espérant qu'il me désignerait pour la mission de la nuit. Mais, malgré mon fusil et mon instruction militaire, je restais au camp où les corvées et les parties de football interminables étaient les seules façons de passer le temps.

* *Pour se procurer les moyens de faire vivre le bataillon, il était procédé à des réquisitions de matériel, de vivre et d'argent auprès des entreprises de la région. Ce n'était pas du vol puisque le chef de mission remplissait méticuleusement le bon de réquisition où étaient notés précisément les biens emportés. Ces bons de réquisition furent tous remboursés après guerre, sous contrôle des archives tenues par le bataillon.*

Un jour, une équipe partit monter une embuscade sur la route de Saint-Laurent du Pont et comme elle devait y rester plusieurs jours, on demanda un volontaire pour lui porter du ravitaillement.
Je convainquis le cuistot de me confier le chargement et filais sans attendre de savoir qui était celui que désignerait le commandant.
A mon retour, je m'attendais à être puni, mais curieusement le commandant, après m'avoir assuré de n'avoir jamais vu une pareille tête de mule, commença enfin à me considérer comme un combattant.
Pour récupérer des armes, une attaque contre les G.M.R.* de Chambéry fut décidée. Le commandant m'annonça que je participerai à l'opération. Je fus rempli de joie à cette annonce. J'appris ensuite que j'étais désigné pour égorger la sentinelle et fus soudainement plus inquiet. Saurais-je faire ce qu'on attendait de moi ?
On me fit répéter le geste pendant plusieurs jours.

**Groupes Mobiles de Réserve : police de Vichy.*

Le 10 août, à la tombée de nuit, nous partîmes pour cette mission qui était pour moi la première.
En tête du convoi, une moto avec deux hommes ouvrait la route, suivie d'une camionnette, puis à distance, d'un vieux car. Une voiture légère fermait le convoi.
Je regardais défiler la route en serrant dans mon point le poignard que je devais utiliser.
Il faisait nuit noire quand nous sommes arrivés à Chambéry. Après avoir laissé les véhicules, nous nous sommes approchés de la caserne. Soudain, la sirène se mit à sonner et un GMR cria : « alerte aérienne ».
Il fallut se replier dans l'urgence car tout proche se trouvaient un poste de la Wehrmacht et un autre de la Milice.
Le retour se fit sans problème, mais nous n'apprîmes qu'en arrivant au camp que nos deux motocyclistes s'étaient fait prendre par les Allemands.
Cette nuit là, le cœur n'y était pas, on avait perdu deux hommes et nous n'avions toujours pas d'armes supplémentaires.

10

Le 17 août, dans l'après-midi, nous vîmes arriver un messager qui venait de l'état-major. Il courait sur le chemin, ce qui inquiéta tous ceux qui le regardaient approcher.

Arrivé à portée de voix, il ne put se retenir et cria :

- Ca y est ! Les alliés ont débarqué en Provence !

Une explosion de joie secoua le camp. L'annonce de l'ouverture d'un second front, à moins de quatre cents kilomètres, était le signe que la guerre allait entrer dans sa phase finale. Les combats pour la Libération ne pouvaient plus être loin.

Le soir même, nous improvisâmes une fête autour d'un grand feu de camp.

Heureux hasard, la veille, une équipe avait intercepté un camion transportant un grand tonneau de vin destiné aux troupes allemandes de Grenoble.

Assis autour du foyer, chacun discutait joyeusement les nouvelles. Le feu rougissait les visages et créait une ambiance euphorique. Je

remarquais que Renard buvait verre sur verre en fixant sombrement les flammes.
Soudain, il se leva et tendit son verre en disant :
- En ces heures qui précédent la lutte finale, je bois à la mémoire de nos camarades tombés au combat et de mes frères d'armes des Brigades Internationales.
A ces mots, Jeannot, qui était assis près de moi, me dit :
- Tu vas voir, dès qu'il boit, il raconte sa guerre d'Espagne.
Un homme interpella Renard :
- On la connaît ton histoire, tu l'as déjà racontée !
- On ne la racontera jamais assez ! Quand le monde entier ne voulait pas voir la réalité du Fascisme, nous n'étions qu'une poignée à le combattre en Espagne.
Ses yeux brillaient d'une lueur folle et il parlait d'une voix altérée par le vin :
- J'étais à la XII° brigade, au 3° bataillon André Marty, composé de Belges et de Français. Les Français, on était les plus nombreux : 10 000, paraît-il. Les Anglais étaient 200. Les Américains 2800 environ. Il y avait des Russes, des Allemands, des Polonais, des Tchèques et des Hongrois. Il y avait aussi les Italiens du bataillon Garibaldi, venus combattre du côté de

la Liberté. Je ne t'ai pas vu dans leurs rangs, le Rital !
De l'autre côté du feu, Guido, visiblement ravi d'être ainsi pris pour cible, souriait de toutes ses dents.
- Ma, je ne pouvais pas. A l'époque, j'étais fasciste. J'avais une belle chemise noire et je défilais pour plaire à ma cousine
Tout le monde riait autour du feu, mais Renard semblait ne pas s'en apercevoir. Il reprit en fixant le feu.
-On s'est battu à un contre cent, avec un ennemi qui possédait un armement incroyable. Des milliers d'entre nous ne sont pas revenus. Nous avons été les premiers soldats de la Liberté.
Laissant tomber son verre vide dans les braises, il salua, le point fermé à la hauteur du front, du salut des Brigadistes et se mit à chanter d'une voix de plus en plus pâteuse :

- Si la bala me da,
  Si mi vida se va,
  Bajadme, callados
  A la tierra.

  Las palabras dejad
  Es inutil hablar
  Ningan héroe
  E il caido

- Allez, chantez avec moi le chant des Brigadistes.*
Alors, dans l'étable, Magali se mit à braire.
Tout le monde éclata de rire, certains roulant même en se tenant les côtes.
Deux hommes qui revenaient du poste de garde d'où ils avaient été relevés, demandèrent d'un air effaré :
- Ca ne va pas de rire comme ça, on doit vous entendre de la route. Faudra pas s'étonner si les boches nous attaquent.
- C'est la faute à Renard, il nous fait mourir de rire.
Renard ne répondit pas. Allongé de tout son long, la tête dans l'herbe brillante de rosée qui commençait à se déposer, il dormait d'un sommeil peuplé de rêves épiques.

** La Despedida, l'Adieu : chanson des Brigades Internationales.*

11

Le lendemain, je croisais Renard qui me demanda de le suivre à l'orée de la forêt.

Nous nous sommes installés sur un vieux tronc d'arbre couché et Renard me demanda :

- Comment ça va Petiot ? Tu te sens bien ici ?

- Oui, ça va. J'attends les combats avec impatience.

- Ils viendront bien assez vite. Que faisais-tu avant de venir nous rejoindre ?

- J'étais apprenti métallo.

- On m'a dit que tu étais orphelin. Moi aussi tu sais. J'ai perdu mes parents très tôt. Et moi aussi j'étais apprenti, apprenti imprimeur. L'imprimerie, c'est la seule industrie où l'ouvrier continue à se cultiver, car il lit tout ce qu'il imprime. Et puis c'est très syndiqué. C'est comme cela que j'ai commencé à m'intéresser à la politique. J'ai compris que sur terre, il y avait ceux qui avaient tout et ceux qui n'avaient rien. Et je n'ai pas trouvé ça normal. Alors, j'ai décidé de me battre pour un monde plus juste et surtout débarrassé des salauds.

- Hier, tu as parlé de la guerre d'Espagne. Comment es-tu allé là-bas ?
- Tu ne t'en souviens pas car tu étais trop jeune à ce moment là. En 1936, en dépit des accords de non intervention, l'Allemagne nazie et l'Italie fasciste ont soutenu ouvertement les troupes de Franco. C'est alors que les anti-fascistes du monde entier ont appelé des volontaires pour défendre la démocratie en Espagne. En tant que membre du parti communiste, j'ai tout de suite adhéré à l'idée. Avec un copain, on est allé à Villeurbanne, dans la banlieue de Lyon. Cette ville communiste servait de centre de regroupement pour les volontaires de la région Rhône-Alpes. De là, on a pris le train jusqu'à Perpignan et ensuite un bus nous a emmené à Barcelone, puis à Albacete, où on nous a appris le métier de soldat. Ensuite, ce fut la guerre : Madrid, Guadalajara, l'Ebre. C'était une guerre cruelle où les frères s'entretuaient. Mais dans les Brigades Internationales, ce mélange de combattants de différentes nationalités créait un sentiment de fraternité incroyable. En novembre 1938, sous la pression internationale, les Brigades ont été forcées de quitter l'Espagne. Alors je suis rentré à Grenoble. J'ai repris le boulot, mais en septembre 39, j'ai été mis en prison comme de nombreux communistes. J'ai

été interné au fort Barraux en Savoie, puis à Carpiane près de Marseille, d'où j'ai réussi à m'évader. J'ai ensuite rejoint les premiers éléments de la résistance naissante.
Tout en parlant, il se passa la main sur le visage et je remarquais une superbe montre chronomètre à son poignet. Sur le fond bleu, on voyait trois petits cadrans et le bracelet était en acier poli.
- Quelle belle montre tu as ?
Il sourit, visiblement flatté.
- C'est vrai. Elle appartenait à un pilote anglais dont l'avion a été abattu au-dessus de la Drome et que la résistance avait recueilli. Je l'ai convoyé par la montagne jusqu'en Suisse et il me l'a offerte en souvenir. Ecoutes, si je t'ai demandé de venir ici, c'est que j'aimerais te proposer une mission.
- Une mission ?
- Oui, une mission spéciale pour laquelle j'ai besoin de gars décidés qui sauront tenir leur langue et ne rien dire aux autres.
- De quoi s'agit-il ?
- Tu sais que nous autre maquis FTP, nous ne recevons jamais notre part des parachutages d'armes que reçoivent régulièrement les maquis A.S. Ceux de Londres et d'Alger se méfient de nous, les communistes. Pourtant, on les mérite autant qu'eux, sinon plus. Quand les Allemands

seront chassés, qui dit que nous n'aurons pas à défendre encore nos libertés ?
- De quoi parles-tu ?
- Du plan A.M.G.O.T.* que les Américains préparent pour administrer notre pays après la Libération. On tient sans doute l'occasion de mettre enfin en place un monde meilleur, mais il ne faut pas se laisser imposer un destin que nous ne voulons pas.
- Mais le Général de Gaulle…
- De Gaulle ne compte pas et tu le sais.**
- Et alors, que veux-tu faire ?
- Cacher des armes.
A ces mots, je ne pus m'empêcher de sourire.
- Cacher des armes ? On n'en a pas ! Tu sais bien comment on est équipé !

**Allied Military Government of the Occupated Territories (Gouvernement militaire allié des territoires occupés.*

*** Il faudra attendre la libération de Paris pour que les Américains commencent à accorder un peu de crédit au Général de Gaulle.*

A son tour, Renard sourit et reprit plus bas.
- Il y a quelques jours, le maquis A.S., qui est cantonné dans la partie nord de la Chartreuse, a réceptionné un parachutage : explosifs, armes automatiques, argent. Mais comme il avait un problème de véhicule pour emporter les containers, il a planqué tout le matériel en attendant de revenir le chercher. Et moi je sais où il l'a planqué !
- Mais des armes, c'est maintenant qu'on en a besoin !
- Oui, et c'est pourquoi il vaut mieux que ce soit nous qui les possédions. On s'équipera avec et on en cachera une partie pour après.
- Pourquoi ne pas en parler au commandant ?
- Parce qu'il ne voudra pas ! Il dira que c'est contraire à nos engagement pris lors de la formation du C.N.R.* Heureusement, nous on voit plus loin que la Libération. Alors, tu marches avec nous ? Réveil demain à quatre heures.

**Le 27 mai 1943, Jean Moulin créa à Paris le Conseil National de la Résistance (CNR) pour unir tous les mouvements de la Résistance.*

J'ai proposé au commandant d'organiser une opération de contrôle routier près de Saint-Laurent du Pont. Il m'a laissé l'organiser comme je voulais.
- Oui, oui.
- Tu as peur ?
- Non. Enfin, j'en sais rien. Et toi, tu as peur parfois ?
- Peur de quoi ? Je n'ai ni femme, ni parents. Je ne possède ni maison, ni auto, pas même un vélo.
- Seulement une belle montre.
- Oui, qui sait, un jour elle sera peut-être à toi.
- Pourquoi dis-tu cela ?
- Sait-on jamais, le destin est joueur. Non, je n'ai pas peur de mourir. Regardes ces montagnes, elles sont là depuis des milliers d'années et seront encore là dans des milliers d'années. Et nous, on tremble de savoir si on vivra 10 ou 20 ans de plus. Ce n'est pas le temps qui te reste à vivre qui doit compter, mais ce que tu fais de ce temps. Moi, je suis le chemin que j'ai voulu, alors si je dois mourir demain, je n'aurai pas de regrets.
Il hésita un instant et reprit :

- La seule chose qui me fait peur c'est que l'après-guerre ne soit pas à la hauteur de nos espérances.
Il se leva et fila vers le camp à grandes enjambées.

12

Il faisait nuit noire encore quand Renard vint me réveiller. Roulé dans ma couverture sur la paille qui nous servait de lit, j'avais du mal à ouvrir les yeux mais, me rappelant le programme du jour, je sautais sur mes pieds. Je ramassais mon fusil et mes cartouchières et sortis dans la nuit fraîche, tâchant de ne pas réveiller mes camarades.

Marcel, le cuistot, me tendit un quignon de pain et un quart où fumait un ersatz de café fait d'orge grillée. C'était chaud et je trouvais cela bon.

Déjà, le groupe se rassemblait sur le chemin. Il y avait une quinzaine d'hommes, parmi lesquels je vis avec plaisir Guido et Jeannot. Ce dernier portait sans effort, un lourd fusil mitrailleur anglais.

Nous partîmes sans bruit, ombres parmi les ombres, sur le sentier qui serpentait le long de la montagne. Naturellement, je marchais près de mes deux amis.

Le soleil était déjà haut dans le ciel quand nous arrivâmes près d'une grange isolée en bordure de forêt. Renard se dirigea sans hésiter vers le tas de bois appuyé contre la cloison de la baraque. Nous déplaçâmes les bûches et très vite apparut

ce que nous venions chercher : une demi-douzaine de containers, gros cylindres métalliques noirs, à demi enterrés. Ils mesuraient environ 1.80 m de long et 40 cm de diamètre. Leur poids devait approcher les 200 kg.
Chaque container était muni de poignées, afin d'en faciliter le transport par une équipe de quatre hommes, et sur certains se trouvaient encore fixées une pelle et une pioche, pour pouvoir les enterrer. La partie supérieure des containers était munie d'un système d'attaches qui reliait les cylindres aux cordons des parachutes. La partie inférieure portait un épais amortisseur en crêpe de caoutchouc. Plusieurs hommes exprimèrent le désir de récupérer ce matériau qui permettrait de fabriquer de confortables semelles de chaussures.
Sortir les containers du trou où ils avaient été placés fut déjà une tâche pénible.
L'idée de devoir les transporter jusqu'à l'endroit où Renard voulait les cacher me parut irréalisable. Je le dis à Guido qui me rassura :
- Ne t'inquiètes pas petit, regardes. Chaque container est formé d'un groupe de cinq cellules égales, unies les unes aux autres par des fermoirs dans le genre de ceux des malles d'auto. Chaque cellule est équipée de bretelles qui permettent

son transport à dos d'homme. Tu vois, on va pouvoir les déplacer facilement.
Renard surgit près de nous et bougonna :
- Trêve de bavardages ! Il faudra faire plusieurs voyages. Ne perdons pas de temps.
Le dernier container était d'un modèle différent des autres. C'était un cylindre d'un seul tenant que seuls quatre hommes pouvaient déplacer.
Renard nous dit :
- Attention à celui-ci. Ce qu'il contient est plus précieux que des armes.
Devant nos airs étonnés, il ouvrit le container et nous en fit rapidement voir le contenu : une dizaine de petites caisses de bois étaient coincées par des paquets de papier brun.
- Dans les caisses, il y a de l'or et dans les paquets, des liasses de billets.
- D'où cela sort-il ? demanda Guido les yeux brillants.
- L'or provient de réquisitions dans la région de Lyon et l'argent vient d'un parachutage.
- Quel beau magot ! souffla Guido.
- Oui, mais pas pour nous, le Rital, pour la Cause. Ne l'oublie jamais.
Commença alors une longue besogne pour transporter ces étranges charges sur notre dos. Les chemins étaient étroits et devenaient de plus en plus raides alors que nous approchions du col

près duquel Renard avait repéré une petite grotte où il désirait stocker les containers. Dès le premier voyage, nous nous délestâmes de nos armes qui étaient trop encombrantes. Certains de nous avaient juste conservé leur arme de poing.
Le transport du container d'argent fut particulièrement pénible car il fallait le porter à quatre, ce qui n'était pas très commode sur les pistes à flanc de montagne.
La journée était bien avancée quand nous déposâmes nos derniers fardeaux. Ivres de fatigue, les vêtements collés par la sueur, nous redescendions le cœur léger d'avoir terminé ce travail de titans. Nous étions pressés de regagner notre refuge pour pouvoir manger et dormir.
Guido, Jeannot et moi fermions la marche.
En passant près d'un ruisseau, Guido nous proposa de nous arrêter quelques instants pour nous rafraîchir.
- On va se faire engueuler.
- T'inquiètes pas petit, on aura vite fait de les rattraper.
On s'éclaboussait joyeusement quand on entendit une violente fusillade.
On s'est regardé puis on est parti en courant le long du sentier sous le couvert des grands arbres.
Au moment d'atteindre la clairière où nous allions nous jeter, Guido nous retint d'une poigne

ferme. Allongés dans la futaie, tremblant des pieds à la tête, nous découvrîmes alors un spectacle de cauchemar. Notre groupe était tombé dans une embuscade tendue par les Allemands. Nos camarades étaient étendus dans l'herbe et les soldats fouillaient leurs habits à la recherche de documents. Je découvris avec effroi qu'un civil se trouvait avec les Allemands. Il était jeune, habillé comme un paysan et visiblement, c'était lui qui les avait guidés jusque là. Il parcourait la clairière avec un officier. Ils arrivèrent près du corps de Renard qui bougeait encore faiblement. L'officier dit quelques mots à Renard que nous n'entendîmes pas. Nous vîmes alors ce dernier lui répondre avec un demi sourire. Je n'ai jamais su ce qu'il lui avait dit mais cela ne dut pas plaire à l'officier car celui-ci, dégainant son pistolet, lui tira une balle dans la tête.

Près de moi, Jean, émit un grognement et sortit son révolver.

Guido lui posa la main sur l'épaule et lui dit :

- Ca ne sert à rien. Ils sont trop nombreux.

Jean pleurait et les larmes traçaient sur ses joues sales des sillons plus clairs.

- On ne peut pas laisser faire ça !

- Ca ne sert à rien, répéta Guido, pas maintenant.

Dans la clairière, une discussion montait entre l'officier et le traître. Ce dernier montrait le cadavre de Renard et demandait quelque chose en gesticulant.
L'officier haussa les épaules, se pencha sur notre camarade, détacha la montre chronomètre de son poignet et la lança au civil.
Dans un souffle, Guido nous dit :
- Pour Judas, se fut trente deniers.
Au bout d'un temps qui nous parut interminable, les soldats commencèrent à se replier, abandonnant les corps de nos compagnons.
Ils emmenèrent avec eux le seul prisonnier qu'ils avaient épargné. C'était un gars de Voreppe qui était blessé à l'épaule et que les soldats avaient déjà copieusement frappé. Ils lui attachèrent les mains dans le dos, lui passèrent une corde au cou et le traînant littéralement, ils quittèrent la clairière en chantant.
Jean pleurait sans répit, agité de tremblements.
Guido nous annonça alors :
- On ne peut pas les laisser emmener notre camarade. On sait très bien ce qu'ils vont lui faire. On récupère nos armes et on les attend sur la route de Saint-Laurent du Pont où ils sont obligés de passer. Là, on a une petite chance de les avoir.

- On ne devrait pas aller chercher du renfort ?
- Pas le temps, ils seront déjà loin. Allez, on y va !

Nous courûmes jusqu'au taillis où nous avions laissé nos armes. Nous en avions maintenant le choix et je pris une mitraillette Sten MK2, bien plus pratique que mon fusil. Jean récupéra rageusement son fusil mitrailleur.

Nous dégringolâmes la montagne, coupant au plus court. Nous nous postâmes au-dessus de la route, dans un virage, à proximité d'un grand rocher qui ressemblait à une aiguille.

A peine avions-nous mis le fusil mitrailleur en batterie, que le convoi de véhicules arriva : trois voitures, suivies de quatre camions très espacés.

Les Allemands craignaient à juste titre de se déplacer dans les massifs montagneux en convoi. On leur avait souvent fait payer le prix fort en les attaquant.

Ils avaient attaché notre camarade sur le capot de la voiture de tête, comme un chasseur l'aurait fait avec un chamois, les pieds liés au pare-chocs et les poignets ficelés au montant des portières avant. Ainsi exposé, il leur servait de bouclier.

Une fois encore Guido empêcha Jean de faire feu.

Ravalant notre haine et notre chagrin, nous vîmes disparaître le dernier camion.

13

Le retour vers Malamille fut un véritable calvaire. Jean pleurait toujours et Guido marchait en silence, baissant la tête. Quant à moi, si je ne pleurais pas, c'est que la mort de mes parents alors que j'étais encore un enfant, m'avait déjà retiré toutes les larmes de mon corps. Pourtant, je me sentais complètement anéanti et bizarrement, je me sentais fautif : pourquoi les autres étaient-ils morts et pas moi ? Aurions-nous pu empêcher cette tragédie ?

Quand nous arrivâmes à proximité du campement où se trouvaient les premières sentinelles, Guido nous dit :

- On ne raconte rien au sujet des armes. C'est ce que voulait Renard, alors respectons-le. On dit seulement qu'en revenant de la mission de contrôle routier, on est tombé dans une embuscade. Que nous nous sommes arrêtés un instant dans un ruisseau, ce qui nous a permis d'échapper au massacre. D'accord ? D'ailleurs, en grande partie, c'est la vérité.

Notre arrivée au camp sema une véritable panique. On nous pressa de questions. Comment

avions-nous pu nous faire surprendre par les Allemands, alors que nous étions sensés être partis à la recherche de renseignements ?
La nouvelle qu'un traître avait guidé l'ennemi jeta un sentiment d'insécurité. Ne risquions-nous pas de voir surgir de nouveau les soldats guidés jusqu'ici par ce salopard ?
Les gardes furent renforcées et chacun ne quittait plus son arme.
On apprit rapidement que ce traître était un paysan de la région et qu'il avait disparu.
Puis tout s'accéléra.
Les forces alliées qui avaient débarqué en Provence le 15 août, progressaient plus rapidement que prévu, dans la vallée du Rhône et sur la route Napoléon qui remonte les Alpes. Dès le 19 août, la 157° division d'infanterie allemande qui tenait la région Rhône-Alpes, reçut l'ordre de se replier sur l'Italie par les cols des Alpes. Le Général Karl Pflaum* qui la commandait, saisit cette chance pour échapper au risque d'une condamnation pour crimes de guerre, suite aux nombreux massacres perpétrés dans la région. Il prépara alors activement sa fuite.

** Arrêté en 1947 en Allemagne par les Américains et extradé pour être emprisonné à Lyon, il sera libéré fin 1951 et décédera en 1957.*

Le matin du lundi 21 août, le messager venant de l'état major, nous apprit que notre compagnie était désignée pour aller recueillir des soldats de la Wehrmacht qui tenaient le barrage de la Porte de France et qui voulaient déserter. Ils étaient une trentaine, d'origine polonaise et yougoslave, enrôlés de force dans l'armée nazie. Quelques jours plus tôt, un lieutenant FTP était entré en contact avec eux, malgré les risques, et les avaient convaincu de neutraliser leurs officiers et les quelques soldats allemands du poste. L'opération eut lieu en fin d'après-midi. On est ensuite remonté à pied jusqu'au col de Clémencière, avec les déserteurs lourdement chargés des armes et des munitions qu'ils apportaient à la Résistance. De là, un camion nous ramena à Malamille.
Dans la nuit, les Allemands évacuaient Grenoble. A peine quelques heures de repos et dès le 22 au petit jour, nous descendions sur Saint-Martin le Vinoux, occuper la mairie, et très vite, nous entrions dans Grenoble.
Le spectacle de la ville qui se réveillait libre était indescriptible. La nouvelle s'était répandue comme une traînée de poudre. Les drapeaux tricolores jaillissaient aux fenêtres et la foule envahissait les rues.

J'abandonnais un moment mes camarades pour courir jusqu'à la maison de ma tante. En cadeau, j'apportais une paire de chaussures, partie du butin d'une opération de réquisition. Il faut dire qu'à cette époque, une paire de chaussures était un cadeau précieux.
Je me souviens de la voix craintive de ma tante alors que je frappais à la porte.
- Qui est-ce ?
- C'est moi Nico, ouvres !
- Mais tu es fou, les Allemands !
- Ils sont partis. Ouvres, je te dis !
Ils étaient tous là, mon oncle, mes cousines, mes cousins, regardant d'un air effaré le gaillard que j'étais devenu en quelques mois. C'est vrai que je devais impressionner avec mon arme à la main, une grenade à manche passée dans le ceinturon et un casque sur la tête.
Grenoble devint rapidement le rendez-vous de tous les maquis de la région. Ceux de Belledonne, ceux de l'Oisans…
Les premiers soldats alliés, commandos français libres du 1° Bataillon de Choc et Américains du 143° R.I. arrivèrent dans la journée.
Fous de joie, les Grenoblois hésitaient à croire à cette soudaine libération. Surtout que dès le 24, un cri jaillissait : « Ils reviennent. »

Les Allemands avaient lancé une contre-attaque à la sortie nord-est de la ville et des obus atterrirent sur la ville.
A Gières, la bataille fit rage pendant deux jours et nous eûmes plusieurs blessés. Cernés de toutes parts, Les Allemands ne purent que se rendre : nous fîmes alors plus d'un millier de prisonniers.
Quelques jours après, notre bataillon reçut l'ordre de se rendre d'urgence sur Romans qui, libérée par les maquis survivants du Vercors, venait d'être reprise par les Allemands.
Nous nous sommes retrouvés face aux chars nazis et avons repris la ville avec l'aide de l'artillerie américaine.
Nous fûmes ensuite dirigés sur Lyon pour prendre part aux combats de sa libération.

14

Arrivés à Lyon, nous nous sommes arrêtés à l'entrée de Villeurbanne. Cette ville de la banlieue s'était soulevée, suite à la grève générale qui avait été déclenchée les jours précédents. L'insurrection s'était propagée à toute la banlieue Est de la ville et les Allemands l'avaient brutalement écrasée le 26 août.

Débarquant des camions, nous avancions en tirailleurs. Naturellement, je me tenais près de Jeannot et de Guido. Depuis le drame de la clairière nous ne nous quittions plus, liés par une douleur et un secret que nous n'évoquions jamais. Des barricades coupaient les rues dont les pavés avaient été retirés. Les murs noircis des maisons témoignaient des violents combats qui s'y été déroulés.

Dans le quartier des gratte-ciels, nous rencontrâmes des résistants locaux dont de nombreuses femmes.

Ils nous mirent en garde contre des éléments isolés allemands ou de la Milice qui se trouvaient, paraît-il, dans les greniers des immeubles et qui faisaient feu sur tout le monde.

Progressant prudemment, nous arrivâmes sur les quais du Rhône où tous les ponts avaient été détruits par les Allemands.
Une foule de combattants se trouvait sur les quais : Américains de la 36° Division d'Infanterie, soldats français de la 1° Division Française Libre, résistants de tous bords.
Soudain, vers 13 heures 30, une fusillade éclata. On criait qu'il y avait des Miliciens dans les galeries supérieures et le dôme de l'hôpital de l'Hôtel-Dieu qui se trouvait juste en face, de l'autre côté du fleuve.
Jean installa son fusil mitrailleur le long du parapet et je m'installais près de lui pour changer les chargeurs. Guido, calmement, tirait avec sa carabine sur les fenêtres du bâtiment. Un feu d'enfer s'abattit de toutes parts sur le vieux dôme d'où on pouvait voir monter de petites fumées qui semblaient être des départs de coup de feu. Bien vite, nous nous rendîmes compte que le dôme était en feu. Un grand panache de fumée montait dans le ciel.
Dans le petit dôme qui se trouvait sur le côté gauche de l'hôpital, une silhouette se détacha distinctement dans l'ouverture. Une rafale la fit disparaître rapidement.
Bien des années plus tard, j'ai appris qu'il n'y avait pas de miliciens dans l'hôpital et que ce

sont nos balles qui avaient mis le feu à la vieille charpente centenaire du dôme. Quant à la silhouette que nous avions vue et sur laquelle nous avions tous tiré, il s'agissait d'un FFI qui était venu inspecter l'hôpital. Il a été tué sur le coup.
Le lendemain, 5 septembre, il y eut une grande prise d'arme sur la place Bellecour, pour célébrer la libération de Lyon. Mais nous n'y avons pas participé car nous étions déjà repartis pour Grenoble. De là, nous sommes dirigés sur Briançon que nous avons libérée.
Nous faisions maintenant la guerre en haute montagne. Les Allemands s'accrochaient à la ligne de forts répartis le long de la frontière avec l'Italie. Les combats furent violents et meurtriers, et l'arrivée des premiers froids n'arrangea rien.
Nous passâmes tout le mois d'octobre à nettoyer la vallée de Nevache. Puis début Novembre, nous rentrâmes à Grenoble.
L'Armée Française se reconstituait en incorporant les combattants de la Résistance. La Division Alpine fut recréée et c'est ainsi que nous avons été incorporés au 6° BCA* dont la troisième compagnie était entièrement constituée de maquisards FTP.

**Bataillon de Chasseurs Alpins.*

Pour la première fois depuis le début de la guerre, on nous donnait un uniforme et on nous faisait signer un engagement valable « pour le reste de la guerre ». Certains rayeront le paragraphe concernant la poursuite éventuelle de la guerre contre le Japon, ce qui les empêchera de partir en Indochine. Guido, Jean et moi ne l'avons pas fait. Nous voulions nous battre et nous battre sans restriction.
Après avoir participé à une belle prise d'armes le 11 novembre sur la place de Verdun, nous sommes repartis pour la vallée de la Maurienne où la guerre continuait.
L'hiver était bien installé. La neige tombait et l'acier des armes collait aux doigts gelés.
Nous fûmes tous les trois affectés comme éclaireurs skieurs, ce qui nous valut d'être constamment en patrouille.
Un soir, dans la lumière blafarde du jour tombant, nous distinguâmes, sur un chemin où nous étions en embuscade, un groupe de soldats allemands qui venait vers nous, désirant se rendre. Jean arma son fusil mitrailleur, bien décidé à les supprimer.
Je posais ma main sur son épaule et lui dit :
- Déconnes pas Jeannot, ce sont des gosses comme nous. Ne tire pas !

En effet, les Allemands n'avaient guère plus de vingt ans. Leur visage ravagé de peur et de fatigue traduisait mieux que les mots leur envie d'en finir avec cette guerre.
Jean accepta et à regret, se leva et leur fit signe de s'approcher.
Les soldats commencèrent à déposer leurs armes en parlant tous en même temps, dans leur langue que nous ne comprenions pas.
Personne ne vit ce sous-officier qui, brusquement, pointa vers nous son pistolet mitrailleur MP 40 Schmeisser et fit feu.
Une cohue indescriptible éclata aussitôt.
Guido et les autres camarades, qui étaient restés tapis sous les sapins, ouvrirent un feu nourri qui dura un long moment.
Quand les tirs cessèrent, plus rien ne bougeait dans le chemin.
Je me retournais vers Jean pour m'excuser d'avoir manqué de discernement.
Allongé dans la neige, il me regardait de ses grands yeux bleus écarquillés.
Une balle lui avait traversé la poitrine. Il était mort sans un mot.
La guerre de montagne continua dans la neige et le froid. Je m'en voulais terriblement car cette fois, c'était vraiment de ma faute. Si je ne lui avais rien dit, Jean serait toujours vivant. J'avais

honte de moi et seule l'affection de Guido me permit de supporter ce fardeau.
La capitulation allemande nous surprit dans les Alpes. Notre compagnie fut ramenée à Grenoble pour prendre quelque repos.
Nous apprîmes alors que nous partions pour l'Autriche.
C'est à ce moment là que l'armée se souvint que Guido était citoyen italien.
Il fut muté dans un régiment de Légion Etrangère.
C'est donc tout seul et l'âme en peine que je montais dans le camion qui m'emportait vers Felkirch.

15

En Autriche, ma vie changea complètement. Je faisais partie des troupes d'occupation, les vainqueurs.
Je suis resté 18 mois dans cette région, à mener la belle vie. Un peu d'exercice en montagne entre la caserne de Felkirsch et un fort au col de Saint-Anthon, mais surtout une succession de bals et de fêtes où les jolies « fräulein » faisaient tout ce qu'elles pouvaient pour resserrer les liens entre les habitants et les troupes d'occupation.
Peu à peu, j'oubliais les combats de la Libération. Du moins, je perdis ce sentiment de vide qui m'habitait.
Je repris goût à la vie. Je me passionnais pour le championnat de boxe militaire où je devins vite un des favoris. Il faut dire que si j'étais petit, j'étais trapu et je cognais sec.
Un jour, on m'accorda une permission pour rentrer chez moi. La première depuis mon incorporation dans l'Armée. Le trajet en train jusqu'en France prenait plusieurs jours.
Après avoir roulé quelques heures, le train s'est arrêté en pleine nuit dans une gare de triage. Au

bout d'une demi-heure d'attente environ, je décidais de descendre pour soulager un besoin naturel et faire quelques pas. Il faisait très sombre, l'ambiance dans cette gare était lugubre. La locomotive haletait au ralentit comme un animal épuisé. Nous étions au milieu d'autres convois de marchandises. Je marchais un instant entre les trains quand je fus interpellé par deux M.P.* qui surgirent d'entre deux wagons. C'étaient des soldats noirs américains dont seuls les casques et les guêtres blanches permettaient de distinguer correctement dans l'obscurité. Ils brandissaient de longues matraques de caoutchouc et me parlaient en anglais, langue que je ne comprenais pas. Ils étaient à demi ivres et ne semblaient pas commodes du tout. Je compris qu'ils gardaient un train de marchandises destinées à l'armée américaine.
Je m'éloignais dans la nuit puis revins vers ce train, curieux de connaître la nature du chargement qu'il transportait.
Je vis alors une silhouette sauter d'un wagon et disparaître dans le noir. M'approchant de la voiture dont la porte était restée entrouverte, j'y grimpais prestement.

* *Military Police.*

Elle était remplie de caisses en bois dont les plus proches avaient été ouvertes. C'était un chargement de cartouches de cigarettes. J'en bourrais mes poches et m'éloignais ensuite rapidement, craignant la venue des policiers militaires.
Longeant un autre convoi, j'entendis parler dans une langue étrangère qui soudain me parut familière. C'était du grec, langue que je n'avais plus parlée depuis que j'avais quitté mon oncle et ma tante.
Les voix provenaient d'un wagon de marchandises dont la porte n'était pas complètement fermée. Je poussais le lourd battant et vis trois ombres assises dans un coin qu'une bougie éclairait faiblement.
Il y avait deux hommes et une femme. Tous trois étaient vêtus de la tenue rayée des déportés et leurs visages étaient si maigres que je ne voyais que leurs pommettes saillantes et leurs yeux exorbités.
Un des hommes paraissait assez jeune, l'autre plus âgé. Quant à la femme, impossible de dire si c'était une jeune fille ou une vieille femme.
Ils eurent un mouvement de recul quand j'ouvris la porte.
Je m'adressais à eux en grec et ils se détendirent un peu.

- Que faites-vous là ?
- Nous étions au camp de Dora que l'armée Russe a libéré et nous rentrons chez nous.
- En Grèce ? Mais ce train va en France.
- Nous trouverons alors un train qui, de France nous emmènera en Grèce. Cela fait des semaines que nous voyageons ainsi, nous ne sommes plus à quelques jours près.
- De quoi vivez-vous ?
- De ce que les gens veulent bien nous donner.
Au loin, mon train siffla longuement, annonçant qu'il allait bientôt repartir.
Je fouillais mes poches et trouvais mes paquets de cigarettes. J'en remettais deux aux prisonniers et leur dit :
- Un peu plus loin, il y a un wagon plein de cigarettes. Même si vous ne fumez pas, vous pourriez les échanger contre de la nourriture. Mais faites attention, les MP ont l'air plutôt mauvais.
Le vieux me répondit :
- Tu sais, mon garçon, nous revenons de l'enfer, Il n'y a plus grand-chose qui nous fait peur.
Mon train se mit à souffler plus fortement et je partis en courant vers lui.
Quel plaisir de retrouver ma famille pour quelques jours qui passèrent trop vite.

Au moment de rejoindre mon unité, j'appris que je ne devais pas retourner en Autriche, mais rejoindre un cantonnement à Reims.
En arrivant dans cette ville qui affichait encore les blessures de la guerre, je découvris que j'étais transféré des Chasseurs Alpins à la Coloniale, au 214 ° bataillon de Pionniers du 43° R.I.C.*
Aussitôt rassemblés, nous prîmes le train pour Toulon afin d'embarquer pour l'Indochine.
Dans cette région du monde que la France considérait comme partie intégrale de son territoire, la guerre avait repris vigueur.
Le 9 mars 1945, les Japonais envahissaient l'Indochine alors que pendant la guerre, ils avaient laissé le gouvernement de Vichy maintenir l'ordre. En août, le Vietminh, mouvement nationaliste d'inspiration communiste, déclenchait l'insurrection et proclamait l'indépendance du Vietnam le 2 septembre.
La France, craignant pour sa colonie, envoya alors de nombreux soldats. Pourtant, le 6 mars 1946, un accord était signé avec Ho Chi Minh, La France reconnaissait la République du Vietnam comme un état libre et s'engageait à retirer ses troupes dans un délai de cinq ans.

** Régiment d'infanterie coloniale.*

Cet accord fut très critiqué dans certains milieux en France et notamment contesté par l'Amiral Thierry d'Argenlieu, Haut Commissaire de France en Indochine.

A Toulon, je découvrais pour la première fois les douceurs de la Côte d'Azur. Nous embarquâmes sur le paquebot « Ile de France » pour un voyage qui allait durer 22 jours.

Après la Méditerranée, ce fut le canal de Suez, devenu le lieu de prédilection des déserteurs, légionnaires pour la plupart. A chaque traversée d'un transport de troupes, des dizaines d'hommes sautaient par dessus bord dans l'espoir d'atteindre la rive égyptienne à la nage. Bien peu y parvenaient, entre les remous et les requins.

Puis ce fut l'Océan Indien où la chaleur devint vraiment très forte. Nous passions le temps en jouant aux cartes sur le pont.

A Ceylan, nous sommes restés bloqués plusieurs jours, sous un soleil de plomb dans une baie où l'eau paraissait bien tranquille.

Un jour, n'y tenant plus, je plongeais du haut de bateau, malgré l'interdiction formelle des nos officiers. Après quelques brasses rafraîchissantes, je voyais l'équipage qui me faisait des grands signes pour m'inciter à remonter.

Ce n'est que l'approche d'un bateau chargé de policiers militaires indiens qui m'obligea à le faire.
Un marin du bord me dit alors :
- Tu as eu une sacrée chance de ne pas te faire dévorer par les requins.
- Arrêtes ton cinéma, répondis-je, je n'en ai pas vu un seul depuis des jours.
- Viens vois ce qu'on a péché il y a une heure.
Il m'emmena à l'arrière du navire où je vis, pendus à des palans, trois énormes requins à la peau noire et aux dents étincelantes.
Arrivés à proximité du Cap Saint-Jacques, nous avons pris place sur un navire plus petit pour traverser la magnifique baie d'Along parsemée de milliers d'îlots rocheux et rejoindre le port d'Haïphong, où la taille imposante de notre paquebot lui interdisait d'aborder.
Notre débarquement fut une chose terrible que je n'aurais jamais imaginée. La veille, prétextant une vague histoire de douanes, l'Amiral d'Argenlieu avait fait bombarder la ville par trois navires de guerre.
Il y eut plus de 6000 morts, essentiellement des civils.
Débarquant avec nos trente kilos de paquetage et notre pesant fusil anglais Endfield, nous traversâmes, écœurés, juchés sur des camions,

une ville éventrée, ravagée par la décision d'un homme qui se voulait à la fois soldat et homme d'église.*

De nombreux morts pourrissaient le long des routes, servant de pâture aux rats et aux chiens errants.

Cet épisode tragique marqua le début de la guerre d'Indochine. Pour la France, elle durera sept ans et demi.

Quittant Haïfong pour rejoindre notre campement dans les environs d'Hanoï, nous rencontrâmes un groupe de soldats assis autour d'un feu de bois, qui chantait en allemand.

C'étaient des légionnaires, anciens soldats de la Wehrmacht, que l'armée française avait recrutés dans les camps de prisonniers. En temps de guerre, on n'est pas très regardant sur la provenance de la chair à canon.

En entendant ces chants qui ravivaient de douloureux souvenirs, mon sang ne fit qu'un tour.

** L'Amiral Thierry d'Argenlieu avait prononcé ses vœux dans l'ordre des Carmes en 1920 sous le nom de frère Louis de la Trinité et fut ordonné prêtre en 1925. Rentré en France, il se retirera au couvent d'Avon.*

Je saisis mon fusil dans un geste instinctif. Mais à quoi bon. L'Histoire avait tourné et ce n'est pas moi qui en aurais changé le cours

Nous nous installâmes à une vingtaine de kilomètres d'Hanoi, près du pont enjambant le Canal des Rapides. Notre mission était de garder cet axe stratégique. Nous avons construit un camp entouré d'un rempart de terre surmonté de barbelés. A l'intérieur, nous installâmes nos tentes. Nous avons campé ainsi durant toute la durée de notre séjour.

Les premiers habitants du pays que nous avons appris à connaître, furent les moustiques. Ils étaient partout, de jour comme de nuit. Nous devions garder nos manches de chemises baissées en toutes circonstances, car les parties non recouvertes étaient vite transformées en zones enflées et douloureuses.

La chose la plus précieuse qu'il nous fut remise, fut une drôle de petite moustiquaire, seul moyen de passer une nuit à peu près tranquille. Sans oublier la quinine à prendre tous les jours et qui n'empêchait guère le paludisme de faire des ravages, parmi nous comme parmi la population locale.

Il fallut s'habituer au climat, à la chaleur moite du Tonkin. Ne jamais boire l'eau stagnante, la faire bouillir le plus souvent possible. C'est

comme cela que je me suis mis à aimer le thé. Quitte à boire de l'eau bouillie, autant la parfumer.
Le 19 décembre, le Viet-minh lançait une offensive générale contre les Français, attaquant toutes les villes et les postes militaires. On compta de nombreuses victimes parmi les colons européens.
Nous avons découvert alors une guerre d'un genre totalement nouveau pour nous. Nous patrouillions dans les rizières, visitant des postes tenus par quelques soldats, fouillant les villages, petits groupes de maisons de paille entourés de palissades de bambous.
Parfois, une patrouille tombait dans une embuscade. Attaquée par des forces bien supérieures en nombre, elle était souvent totalement décimée. Puis, le calme revenait pour quelques jours ou quelques semaines, jusqu'à la prochaine embuscade.

16

En octobre 1947, je participais à la première grande offensive française de la guerre : l'opération combinée Léa et Ceinture. Les services de renseignements militaires avaient localisé le gouvernement clandestin de Ho Chi Minh. Une vaste opération fut préparée dans le but de le capturer et de détruire ses régiments.
Le 7 octobre, les parachutistes sautaient directement sur le P.C. ennemi à Bac-Kan mais ils manquèrent de peu leur gibier. Quand ils pénétrèrent dans la paillote de Ho Chi Minh, celui-ci avait disparu, laissant sur sa table son courrier prêt à être signé. Pendant ce temps, une colonne blindée se lançait en direction des villes du nord. Quant à nous, groupement de deux bataillons d'infanterie de marine, nous devions remonter la Rivière Claire jusqu'à Tuyen-Quang, l'ancienne capitale des Pavillons Noirs *, pour tenter de prendre en tenaille les forces ennemies.

**Les Pavillons noirs étaient des sociétés secrètes qui étaient entrées en rébellion contre les Français lors de la première conquête de l'Indochine.*

Nous avons embarqué à l'aube sur des chalands à fond plat. Le fleuve était lisse comme un miroir. Sur les berges, la végétation exubérante semblait vouloir s'étendre par-dessus l'eau boueuse. Accroupi derrière les plats bords blindés de la barge, chacun regardait du coin de l'œil la forêt menaçante, craignant l'embuscade qui ne pouvait que se déclencher.
Notre chaland, en tête du convoi, progressait lentement.
Le soldat à côté de moi était un breton taciturne qui crachait dans l'eau toutes les trois minutes pour faire des ronds dans l'eau. Le jour, maintenant complètement levé, avait ravivé le chant de millions d'insectes.
Soudain, une rafale d'arme automatique partit d'un bosquet de palmiers. A bord, ce fut une pagaille indescriptible. Certains tâchaient de se dissimuler au maximum, d'autres ripostaient au hasard, arrosant les arbres de la rive. Un coup de canon nous manqua de peu, faisant jaillir une immense colonne d'eau juste devant notre embarcation. Le pilote poussa les moteurs au maximum, afin de dépasser le lieu de l'attaque. Il échoua la barge sur une plage minuscule, et nous revînmes par la berge pour surprendre nos agresseurs. Combat rapide, malcommode, sans visibilité dans une jungle où il était difficile de se

«Le vieux quai de pierre d'Agde, qui datait de Richelieu... près du plan incliné, un homme assis pêchait»

Marc remarqua au bord de la route, un monument composé de deux pierres noires...

«Un peu après les dernières maisons de Planfay, la route se glissait entre deux énormes rochers qui faisaient comme un portail. C'est là qu'on a rencontré le premier poste de garde.»

«Bienvenue à Girieux, à la première compagnie du 3ème bataillon FTP, tu vas voir, ici, il n'y a que des durs !»
De nos jours, dans la prairie de Girieux, il ne reste que deux cabanes, dont une qui a été restaurée par les Scouts de Saint Egrève.

Au col de la Charmette se trouvait un bâtiment qui appartenait aux Eaux et Forêts. La guerre avait fait fuir les occupants et l'état major du bataillon s'y était installé.

L'oratoire du col de la Charmette. Un des dix existant qui délimitent les terres des Chartreux.

Le sommet du Charmant Som.
«Le berger se trouvait près du sommet, assis sur une espèce de trône en pierres sèches»

La Correrie.
Depuis 1957 elle abrite un musée sur la vie monastique et l'Ordre des Chartreux.

Le habert de Malamille

«Début août 44, la première compagnie est allée s'installer au habert de Malamille, près de St Pierre de Chartreuse...»

La première compagnie du 3ème bataillon FTPF lors de la libération de Grenoble.

au dessus de la flèche : Nico avec son grand fusil Lebel. *Photo : Archives du 3ème bat. FTPF*

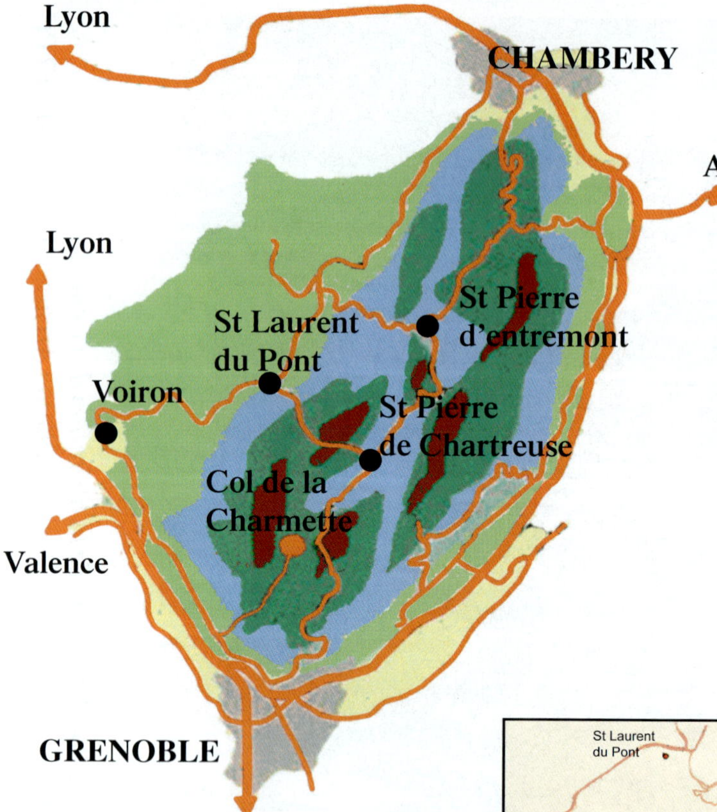

Massif de la Chartreuse

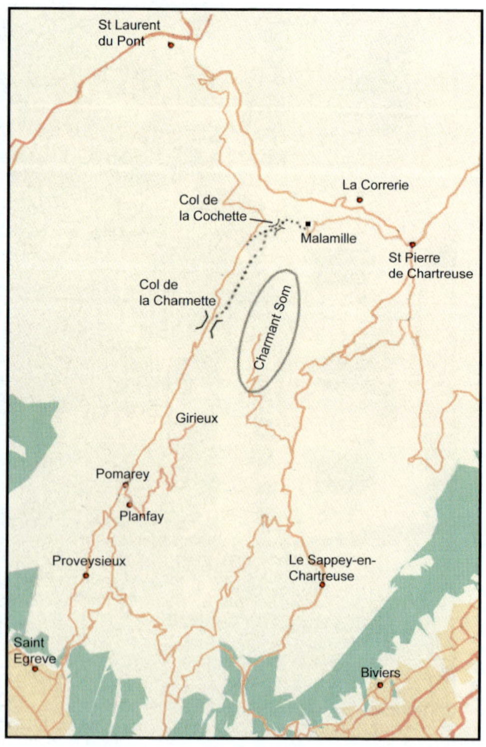

frayer un passage et où on tirait sur des cibles que l'on ne voyait pas.
Le canon fut réduit au silence à coup de grenades. Revenant à notre embarcation, je découvris le corps de mon voisin breton appuyé contre le bastingage. Il avait été tué dès les premiers coups de feu de l'embuscade. Son sang vermillon coulant le long de son bras jusqu'au bout des doigts, gouttait dans le fleuve, continuant à faire des ronds dans l'eau.
Nous reprîmes notre route vers le nord.
Les opérations Léa et Ceinture ont coûté à l'ennemi 8000 tués et 1500 prisonniers. Mais ce ne fut pas le coup décisif que l'état major espérait porter. Ho Chi Minh courait toujours et le gros des forces Viets s'était esquivé.
Après deux mois de combats sporadiques, nous sommes rentrés au camp du Pont des Rapides à pied, une balade harassante de plus de quinze jours.
De temps en temps, nous avions une permission pour aller à Hanoï. J'aimais bien cette ville grouillante de vie avec ses cyclo-pousses, ses marchands ambulants, et ses trafiques en tous genres.
J'aimais flâner et grignoter des *ca long tong* ou manger un bol de soupe à l'étal d'un marchand chinois, assis sur le bord du trottoir.

Un soir, je buvais une bière dans un bar de la rue Paul Bert. C'était un de ces endroits fréquentés par les soldats qui venaient y prendre un verre et profiter de la présence des entraîneuses vietnamiennes et chinoises, au sourire énigmatique et à la silhouette élégante, dessinée dans leur robe de soie fendue sur le côté.
Tout le corps expéditionnaire semblait s'être donné rendez-vous : calots bleus de la Coloniale, képis blancs de la Légion, bérets rouges des parachutistes coloniaux, casquettes de l'Aviation, bâchis de la Marine …
Je pensais à ces longs mois passés dans la chaleur tonkinoise et à ceux qui me séparaient encore de mon retour au pays. Comme il était facile de se battre en France pour en chasser les envahisseurs ! Et combien il était pesant de se battre ici, dans ce pays si étrange, pour une cause qui ne me paraissait pas très juste. On me disait que l'on combattait le Communisme, à moi qui avait fait les maquis FTP !
On disait même que les communistes de France sabotaient le matériel destiné au corps expéditionnaire. J'avais bien du mal à le croire.
Bien sûr, je n'avais aucune sympathie pour ces petits soldats viets qui nous tendaient des embuscades toujours plus meurtrières, mais je

n'étais pas à l'aise ici. Non, vraiment, ce n'était pas ma guerre.
Soudain, parmi le brouhaha de la salle, les notes claires d'un harmonica me tirèrent de mes pensées. La mélodie du chant du maquis m'arracha de mon siège. Dans le fond de la salle, un groupe de légionnaires était réuni devant une table recouverte de bouteilles de bière vides.
Il était là. Affalé dans son fauteuil et insensible à l'effervescence qui l'entourait, Guido jouait en fermant les yeux. Sentant une présence devant lui, il les ouvrit et se levant comme un diable, me serra longuement dans ses bras, sous le regard amusé de ses compagnons d'arme.
Nous nous sommes assis dans un coin un peu plus tranquille et avons commandé de nouvelles bières. Guido n'avait pas changé, tout juste un peu plus bronzé et les cheveux coupés très courts. Son éternel sourire éclairait son visage, exactement comme dans mes souvenirs.
Je lui racontais mon périple depuis notre séparation, à Grenoble. A son tour, il me décrivit son parcours.
Tandis que je partais pour l'Autriche, il suivait la Légion en Algérie. Il était en Indochine depuis bientôt six mois. Il avait lui aussi participé à l'opération Léa et nous aurions pu nous croiser plus haut sur le fleuve !

- Alors Nico, tu en as encore pour longtemps ici ?
- Six mois environ. Après, je rentre en France. Et toi ?
- J'ai signé un engagement de cinq ans à la Légion. Il m'en reste encore plus de trois à faire. Après, si les Viets ne m'ont pas flingué, je rentrerai chez moi en Italie. J'épouserai ma cousine et ouvrirai un restaurant.
- Ta cousine est sans doute mariée.
- Dans ce cas là, j'en ferai une veuve avant de l'épouser, dit-il en riant.
Après un instant de silence, il me demanda :
- Tu y penses parfois à la tirelire ?
- De quelle tirelire veux-tu parler ?
- De la grosse, avec des rochers, des forêts et des chamois qui courent dessus. Tu sais bien de quoi je veux parler. Des containers et surtout celui qui est plein d'or qui attend dans la montagne.
- Il y a bien longtemps que quelqu'un a dû les récupérer. Tu ne crois pas ?
- A part nous deux, personne ne sait qu'ils sont cachés là-haut.
- Qu'en sais-tu ? Renard n'avait certainement pas préparé son coup tout seul.
- Tu as peut-être raison. Mais dis-moi, que vas-tu faire une fois rentré ?

- Je n'en sais rien. Chercher un travail, mais surtout oublier la guerre qui me suit depuis toutes ces années.
- Je viendrai te voir un jour. J'aurai de l'argent et on fera une grande fête. Comment pourrai-je te retrouver ?
- Il te suffira d'aller à l'usine des Ciments de la Porte de France qui se trouve derrière la gare de Grenoble. Mon oncle y travaille, tout le monde le connaît. Lui saura toujours où me trouver.
Il se faisait tard et je devais regagner mon cantonnement. Nous nous sommes quittés, après s'être embrassés comme deux frères, nous promettant de faire un extraordinaire repas à notre prochaine rencontre.
Je ne l'ai jamais revu.
Après ces trois années, je m'attendais constamment à le voir arriver sans crier gare. Quand je devais m'absenter quelques jours, je prévenais même ma voisine de la possibilité de sa venue. Pendant plus de dix ans, j'ai espéré. Et puis je me suis résigné. Il n'est sans doute jamais rentré d'Indochine. Il dort sûrement dans le cimetière militaire d'Hanoï, ou quelque part dans une rizière ou dans la jungle du Tonkin. S'il s'en était sorti, je suis certain qu'il serait venu me retrouver.
Six mois plus tard, je rentrais en France.

Je me souviens d'Haiphong où j'attendais « le Pasteur » qui devait me ramener au pays. C'était une ville laide qui semblait baigner constamment dans la boue. Les pluies de moussons ruisselaient le long des rues et les gros bateaux qui remontaient le Cua Cam vers le port, brassaient la vase de leurs hélices. Pourtant, je goûtais comme une liqueur ce mélange d'odeurs fétides et douceâtres. Je commençais à aimer l'Asie et je savais que je n'y reviendrai jamais.
Quand le bateau fut à quai, de nouvelles troupes débarquèrent : des parachutistes dont les bérets rouges jetaient comme une note d'optimisme dans le soir désabusé. Ils débarquaient d'un pas conquérant et je leur laissais volontiers ma place dans cette aventure. Non, vraiment, ce n'était pas ma guerre.

17

Le « Pasteur » nous débarqua à Marseille.
Après être passé par un nombre incalculable de bureaux et avoir signé une montagne de papiers, j'étais rendu à la vie civile.
Je rentrais à Grenoble par le train, en uniforme.
Je n'avais plus porté de vêtements civils depuis bientôt trois ans.
La vie avait bien changé depuis mon départ. Les héros de la Libération étaient déjà oubliés et rentrer d'Indochine ne déclenchait aucune sympathie particulière.
C'était étrange de repenser à tous ces risques encourus, toutes ces souffrances endurées et tous ces morts. Ceux tombés dans la clairière avec Renard, ceux tombés à Gières, Romans, Lyon et dans les Alpes comme mon copain Jeannot. Et ceux d'Indo. Pour qui ? Pour quoi ? Qu'est-ce qui les avaient poussé à mourir avec tant de ferveur ? Ce quotidien redevenu bien fade en valait-il la peine ? Les rêves de grandeurs n'avaient plus leur place dans la société laborieuse d'après-guerre.

Il fallut vite me mettre au travail, car on ne pouvait compter que sur soi-même à cette époque : pas de chômage, ni de sécurité sociale. Si on voulait manger, il fallait travailler.
Je trouvais donc un emploi de soudeur à l'entreprise Dragon de Fontaine. Mais faire la guerre pendant toutes ces années ne m'avait pas ôté mon esprit frondeur. Je devenais rapidement un délégué du personnel plutôt virulent pour défendre les droits des salariés. Je fus tout aussi rapidement licencié.
Je trouvais ensuite du travail dans une société de Grenoble qui installait des coffres-forts. Je devins un spécialiste de l'ouverture de ces engins, si bien qu'un soir, un ami d'un ami me demanda si je ne voulais pas donner un coup de main pour venir ouvrir discrètement, etc… Evidemment, j'ai refusé. Je n'avais qu'une envie, vivre tranquille et fonder une famille.
D'ailleurs, j'avais remarqué une jolie jeune fille qui passait tous les matins cours Berriat. Elle avait l'air sympa et je la trouvais très mignonne. Je lui ai souri et… on s'est marié en août 52.
Quelques temps auparavant, je croisais cours Jean Jaurès, une manifestation contre la guerre d'Indochine. Je reconnus dans la foule un garçon que je n'avais pas revu depuis les jours fiévreux de la libération de Lyon. Il suivait la

manifestation avec sa caisse de plombier, ce qui était peu discret. Il s'appelait Paul et était à la compagnie 02 du 3° bataillon FTP. Je le connaissais bien car il était agent de liaison et venait souvent jusqu'à notre compagnie apporter les ordres de l'état-major. Son père était un des Officiers de notre bataillon.

- Salut Paul, alors, toujours en tête des revendications et toujours avec le matériel ?
- Tiens par exemple, Nico. Qu'est-ce que tu deviens ? Je ne t'avais pas revu depuis les fusillades de Lyon.
- Ca va, comme tu vois. Et ton père ?
- Il va bien. A la libération, il a été nommé Officier liquidateur* pour le bataillon. Ca lui a donné pas mal de boulot.

Ces mots piquèrent ma curiosité.

- Officier liquidateur ? Il a dû en avoir du boulot avec tout ce qu'on a laissé là-haut.
- Là-haut ? Pas grand-chose en fait. Le plus gros du travail était de comparer les bons de réquisition avec les archives du bataillon.
- J'ai entendu dire qu'il restait des armes cachées.

** Officier du maquis chargé de vérifier les bons de réquisition délivrés pendant l'occupation afin de faire procéder à leur remboursement.*

- Quelques pétoires oubliées peut-être, mais rien de sérieux. Mais dis-moi, serais-tu au courant de quelque chose que je ne saurais pas ?
- Non, non, j'avais cru comprendre, mais ce n'était que des rumeurs sans doute.
La manifestation avait continué son chemin et les slogans que la foule reprenait en cœur n'arrivaient maintenant plus que faiblement à nos oreilles.
- Bon, écoutes, je dois filer. Passes me voir à l'occasion, j'habite toujours au même endroit.
Il repartait en courant pour rattraper le cortège, faisant tressauter sa caisse à outils qui résonnait comme un maracas.
Les cadres du maquis ne savaient donc rien des armes cachées. Sinon, Paul m'en aurait parlé. Cela voulait dire que Guido et moi étions les seuls à savoir où elles étaient.
J'y pensais quelquefois et puis la vie m'avait apporté d'autres sujets de préoccupation.
Un de mes voisins me proposa de créer une société avec lui. Ce que je fis finalement sans lui.
Je montais une petite société de métallurgie, rue du Polygone, où nous fabriquions des portails, des barrières, des escaliers. Ca marchait bien, jusqu'à ce jour maudit de 1968 où, surveillant la livraison d'un camion de ferraille, le chargement

mal arrimé me tomba dessus, me privant définitivement de l'usage de mes jambes.
Depuis, je regarde défiler mon présent en me réfugiant dans mon passé. Il n'y a que la pèche pour me distraire un peu, mais même cela devient risqué. Et tu sais, mener une telle vie pendant plus de trente ans, c'est beaucoup.
Le vieil homme reposa sa tête sur son oreiller, épuisé d'avoir autant parlé.
Il attrapa le verre sur sa table de chevet et but, ce qui le fit tousser.
- C'est une belle histoire, mais pourquoi me racontez-vous tout ça ?
- A cause de ce qui dort toujours dans la montagne. Pendant des années, j'ai pensé que Guido viendrait et que nous irions ensemble voir ce qui restait encore là-haut. Et puis Guido n'est jamais revenu et je me suis retrouvé cloué dans ce fauteuil. J'y pensais souvent, mais je ne pouvais rien faire d'autre. Après ce qui s'est passé le 11 septembre 2002 à New-York, je me suis mis à craindre que ces armes ne tombent entre les mains de groupes extrémistes. Il y avait un container plein d'explosifs.
- Cela fait soixante ans déjà, les armes doivent être hors d'usage.
- Ne crois pas ça. Les Anglais savaient préparer les colis qu'ils nous parachutaient. Les armes

étaient démontées et noyées dans des blocs de graisse jaune. Et on avait pris la peine d'installer les containers sur des banquettes de pierres dans la grotte, pour les préserver de l'humidité. Elles sont certainement encore en bon état, tu peux me croire.

- Un promeneur a dû la trouver depuis longtemps.

- Impossible, la grotte a une entrée minuscule qu'on a dissimulé par des pierres. Si tu ne sais pas où elle est, tu ne la trouveras jamais.

Le vieux regarda Marc avec un petit sourire malicieux et lui fit un clin d'œil.

- Et puis, il y a l'or. Part à deux, d'accord ? La Cause n'en a plus besoin. La révolution n'aura pas lieu, regarde ce qu'ils en ont fait du Communisme en Russie. Pourtant, c'était une bonne idée ! Mais Renard s'en était douté : l'après-guerre n'a pas été à la hauteur de nos espérances… L'or sera bien mieux dans notre poche : toi pour te payer des jours meilleurs et moi pour finir les miens comme un milord.

Alors, tu marches ? Tu es le premier auquel je pense pouvoir proposer cela. Tu montes là-haut, tu récupères l'or et tu fais sauter le reste. Tu as tout ce qu'il faut sur place. Tu as été commando, tu sauras te débrouiller.

- Ca paraît simple comme ça, mais ce n'est pas évident. L'or doit peser un poids terrible pour un homme seul et l'explosion ne passera pas inaperçue.
- Penses-tu ! Il n'y a personne là-haut en semaine. Et tu es costaud, ça vaudra bien la peine de mouiller ta chemise. Allons, accepte ! Tu seras mes bras et mes jambes.
Marc hésitait à répondre. Il aurait aimé pouvoir y réfléchir : c'était si soudain.
La porte de la chambre s'ouvrit sur la jeune infirmière blonde qui s'arrêta sur le seuil et regarda Marc d'un air étonné. Le couloir derrière elle était violemment éclairé par la lumière de la fin d'après-midi et sa jolie silhouette se dessinait en ombre chinoise à travers sa blouse.
Elle s'adressa à Marc d'un air courroucé :
- Vous êtes encore là, vous ? Je vous croyais parti. Vous allez le tuer à le faire parler toute la journée. Allez, sauvez-vous !
Marc se leva, et ramassa son sac à dos.
- Réfléchis à ce que je t'ai dit et reviens demain. Dit le vieil homme.
Marc promit et sortit de la chambre après avoir fait son plus beau sourire à l'infirmière, qui le lui rendit.

18

Quand Marc arriva dans le service le lendemain matin, l'infirmière blonde remplissait un registre dans le bureau du personnel soignant.
Elle répondit à son salut et lui dit :
- Venez voir, j'ai quelque chose pour vous.
Plein d'espoir, Marc s'approcha.
Elle lui tendit un tire-bouchon qu'elle sortit d'un tiroir.
- Tenez, cela évitera d'en mettre plein les draps. Normalement, c'est interdit, mais entre nous, cela ne peut pas lui faire de mal, à moins d'abuser. Il est bien fatigué et les médecins disent qu'il est au bout du rouleau. En tout cas, il a l'air d'apprécier votre présence, il a déjà demandé deux fois ce matin si vous étiez arrivé. Allez le voir, mais en fin de matinée, on le transfère à l'hôpital de Grenoble afin qu'il soit plus près de sa famille.
Dans la chambre, le vieil homme regardait par la fenêtre. Son regard s'éclaira quand Marc vint s'asseoir près du lit.
- Alors, tu as réfléchi ? Tu es d'accord ?

- Je ne dis pas non. Mais je veux d'abord aller voir sur place de quoi il retourne exactement.
- Très bicn, très bien. Tu sais peut être que l'on me ramène à Grenoble tout à l'heure. Ma femme ne conduit pas, alors elle ne peut pas venir me voir. Il paraît que je serais aussi bien là-bas. Viens me voir à Grenoble et je t'indiquerai exactement où ça se trouve.
- OK, d'accord. Faisons comme ça. Mais il faut vous reposer, vous avez l'air épuisé.
- L'air d'un type qui n'en a plus pour très longtemps. C'est ce que tu veux dire ? Je sais, je le sens bien. C'est pourquoi je voudrais bien que tu ailles là-haut. Car bien sûr il y a l'or, mais le sort des armes me préoccupe aussi. Et tout simplement la curiosité me travaille. Cela fait soixante ans que je me demande si tout est toujours dans la grotte. Je ne voudrais pas mourir sans le savoir.
- Vous pouvez compter sur moi, j'irai voir ce qu'il en reste.
Ils passèrent la matinée à discuter en dégustant la demi-bouteille de vin du Languedoc que Marc avait apportée. En fin de matinée, les ambulanciers qui devaient assurer le transfert du malade entrèrent dans la chambre. Marc prit alors congé du vieil homme, en lui promettant de

nouveau de le rejoindre à Grenoble dès que possible.
Au moment de monter dans sa voiture, il aperçut l'infirmière qui sortait à son tour de l'hôpital. Elle s'était changée et portait maintenant une jupe et un petit haut qui mettait en valeur son corps bronzé.
- Vous avez fini de travailler ?
- Oui, je suis venue tôt ce matin et je pars passer l'après- midi à la plage.
- Vous m'emmenez ?
Elle hésita à peine :
- D'accord, si vous me promettez d'être sage.
Marc avait instinctivement croisé les doigts comme un enfant qui ne peut s'interdire de mentir.
- Oui, sage comme une image.
- Alors, montez.
Se glissant dans la petite auto, sur le siège passager, il regarda les jolies jambes couleur de pain d'épice et se retint d'y poser tout de suite la main.
Il répéta :
- Oui, comme une image.

19

Marc Falone arriva à Grenoble en fin de matinée. La ville était blottie dans une vallée entourée par trois massifs montagneux qui la dominaient de tous côtés. Au nord la Chartreuse, à l'ouest le plateau du Vercors et à l'est les sommets déchiquetés de Belledonne.

Il s'était arrêté dans une station service sur l'autoroute, juste après le dernier péage, pour s'acheter un plan de la ville et une carte d'état major de la région.

Après s'être fait une idée de la topographie de la ville, il pénétra dans l'agglomération et chercha un hôtel.

Le centre ville de Grenoble était composé de vieux bâtiments élégants, alors que la périphérie était un ensemble de grands immeubles sans style particulier, comme il en avait été tant bâti dans l'immédiat après-guerre.

Il trouva un petit hôtel trois étoiles qui lui parut tranquille et confortable et qui possédait un parking privé.

La chambre était assez spacieuse et dotée d'une petite terrasse orientée vers le nord.

Elle était meublée d'une table et de deux fauteuils en plastique blanc. Marc s'installa et contempla le paysage qui s'offrait à lui. Le centre ville de Grenoble étalait ses toits de tuiles et, tout de suite derrière, le massif de la Chartreuse montrait ses sommets arrondis. Sur le relief le plus proche, on pouvait voir une succession de fortifications que les Grenoblois appelaient « La Bastille ».

Quelle impression étrange d'être ainsi en pleine ville et de pouvoir regarder des sommets si proches. On pouvait même voir des autos descendre des routes en lacets.

Marc avait l'impression de se trouver dans une station de ski.

Quand il eut fini d'installer ses affaires, il sortit pour déjeuner rapidement avant de prendre le chemin de l'hôpital.

Le Centre Hospitalier Universitaire Michallon de Grenoble était un immense bâtiment moderne, blanc, de quinze étages, visible de loin. Une foule de visiteurs, d'étudiants et de malades se pressait dans le hall de réception où se trouvaient installés des commerces.

Le bureau d'accueil lui indiqua que le vieil homme se trouvait au 4ème étage, à l'unité B du service de pneumologie.

En arrivant dans le service, Marc s'adressa au bureau des infirmières. La surveillante, une brune aux cheveux frisés et aux petites lunettes rondes, vint jusqu'à lui.
- Ah, c'est vous ? Il n'arrête pas de demander si vous êtes arrivé. Je ne sais pas ce que vous venez lui apporter, mais il n'attend que vous.
- Comment va-t-il ?
- Ce n'est pas brillant. Son état se dégrade rapidement. Il m'a dit que vous deviez allez chercher quelque chose pour lui. Alors, un conseil, ne perdez pas de temps.
La chambre était éclairée par une grande baie vitrée qui permettait de voir une partie de la ville, une boucle de la rivière Isère et les contreforts de la Chartreuse.
Le vieil homme somnolait, mais il ouvrit les yeux quand Marc tira la chaise près du lit.
- Salut, enfin te voilà. Tu en as mis du temps !
- Bonjour, comment ça va ?
- Pas bien fort. Tu es prêt à monter là-haut ?
- Je vous ai dit que je voulais bien aller voir comment cela se présentait.
- Alors viens-là. Je vais t'indiquer où cela se trouve exactement.
Marc approcha sa chaise du lit et se pencha sur le vieux qui se mit à parler à voix basse, s'interrompant de temps en temps pour tousser.

Une jeune infirmière qui entrait dans la chambre, se demanda ce que pouvaient bien se raconter ce vieil homme fatigué et ce grand gaillard qui écoutait attentivement.

20

Marc quitta son hôtel de bon matin sans avoir déjeuner. Il trouvait désolant de prendre son petit déjeuner à l'hôtel, dans une pièce souvent triste, où les rares personnes présentes mangent en silence et en vitesse.

Il gara sa voiture sur un emplacement interdit, à proximité immédiate de la place Grenette encombrée par les tables et les chaises de nombreuses terrasses de bar.

Il s'installa au soleil et commanda un grand café et des tartines beurrées.

Il prit son temps pour déjeuner, regardant le va et vient des employés de bureaux et de commerces qui s'arrêtaient prendre un café avant de commencer leur travail.

La journée s'annonçait superbe, le ciel était sans nuage.

Il était bientôt neuf heures et il était temps d'y aller.

Il sortit de Grenoble par le pont de la Porte de France et prit la route de Saint-Egrève. Il suivait les indications que lui avait données le vieil

homme et qu'il avait minutieusement reportées sur son plan.
Après une quinzaine de kilomètres à peine, arrivé au lieu dit « le Pont de Vence », il prit à droite une petite route en direction de Proveyzieux.
Sitôt quittées les dernières maisons, la route montait rapidement en lacets. Dans le premier virage, Marc remarqua un monument fait de deux pierres noires où un drapeau français et un texte doré étaient gravés. Il gara son véhicule et sortit pour l'examiner. Cette stèle rappelait aux passants que les combattants des 3° et 4° bataillons FTP avaient combattu dans ces lieux.
Il était bien au bon endroit.
Il repartit et, rapidement, arriva à Proveyzieux. Il s'attendait à trouver un village animé, avec un café ou des commerces, où il aurait pu discuter et demander des précisions. Il ne trouva qu'un ensemble de maisons rustiques disposées le long d'une route en pente. Un vrai village de montagne à quelques minutes de Grenoble. Après le village, dans un hameau nommé Pomarey, une petite route partait sur la droite. Un panneau indiquait la direction de Planfay. Marc se souvint que c'était le lieu où Nico avait rejoint le maquis.

Il était encore tôt dans la matinée et il décida d'aller voir. Quitte à suivre une histoire, autant en vérifier chaque détail.
Après quelques maisons, un panneau indiquait que toute circulation était interdite. Marc hésitait à passer tout de même quand il aperçut un paysan qui s'occupait de quelques vaches.
- Bonjour, est-ce loin Girieux ?
- En voiture, vingt minutes à peine, mais c'est interdit. L'amende est de 130 euros si vous vous faites prendre et la route n'est pas en bon état. A pied, vous mettrez un peu moins d'une heure.
- Alors, j'irai à pied.
La petite route était toute défoncée et remplie de nids de poules. Après le premier virage, elle passait entre deux gros rochers. Marc reconnut le poste de garde où les sentinelles accueillirent Nico et son compagnon le jour de leur arrivée au maquis.
Il reprit son chemin, suivant la route déserte à l'ombre des grands arbres. La forêt portait les traces d'une intense activité forestière et en regardant bien, on pouvait voir de nombreux champignons. La route perdait son goudron en grandes plaques. Enfin, elle déboucha sur la clairière de Girieux inondée de soleil. C'était une vaste prairie entourée d'une forêt de sapins

adossée à la Pinéa, drôle de montagne en forme de bonnet de lutin.
Dans le sous-bois, sur la droite, Marc aperçut une cabane en assez bon état. A l'intérieur, une vieille table et un poêle à bois semblaient attendre le randonneur surpris par la pluie. Il entreprit de visiter la vaste clairière à la recherche des traces du campement de jadis. En bordure, sous les arbres, il découvrit les restes de plusieurs constructions effondrées. Près du chemin, une cabane à l'aspect neuf, faite de bois clair et au toit de tôles se dressait sous un grand arbre. Un petit groupe d'adolescents était installé à une table rudimentaire faite de rondins.
Tous portaient la chemise bleue claire des scouts.
- Bonjour.
- Salut, répondirent les jeunes. Voulez-vous un café ?
- Pourquoi pas ? Vous venez souvent ici ?
- Oui souvent. Répondit un jeune homme qui devait être le chef de cette bande. Nous sommes les scouts de Saint-Egrève et nous avons réparé cette cabane. C'est notre camp désormais. Et vous, vous cherchez des champignons ?
- Je visite les lieux où un de mes amis était au maquis. Entre autres celui-ci.
- Je ne savais pas qu'il y avait eu un maquis ici.

- Il y a tant de choses du passé que l'on ne sait plus. Dîtes-moi, savez-vous où je peux trouver à me loger dans le coin ? Je n'ai rien vu en passant à Proveyzieux.
- Il vous faudra redescendre dans la vallée. A moins que vous ne montiez au col de la Charmette. L'ancienne maison forestière fait gîte désormais. Il doit y avoir de la place à cette période.
- Le chalet de la Charmette ? Cela tombe bien. C'est un des lieux que je dois voir. Je trouverai facilement ?
- Il vous suffira de suivre la route en voiture jusqu'au col. Le chalet est un peu plus loin sur la gauche.
Marc finit son café, salua les scouts et redescendit la route forestière, regrettant de ne savoir cuisiner les champignons.

21

La route qui reliait Proveyzieux au col de la Charmette était si étroite que Marc se demandait comment deux véhicules pouvaient se croiser. Il doubla un cycliste qui pédalait péniblement et qui, malgré l'air encore frais du matin, était torse nu.

La route débouchait au col, sur une plate forme où se dressait un petit monument surmonté d'une croix. Sur la droite, un espace dégagé servait de parking à quelques autos. Au-delà, la route redescendait, mais un panneau annonçait que la circulation était là-aussi interdite. La vue était magnifique et donnait sur l'intérieur du massif de la Chartreuse. Ce n'était qu'une succession de sommets aux pierres blanchâtres, couvertes de forêts sombres. Tout près, légèrement sur la droite, le Charmant Son dressait sa masse imposante.

Marc Falone gara sa voiture et resta un instant pour contempler la vue. Il s'approcha ensuite du monument. Cet oratoire, où une niche fermée par une grille renfermait une statuette, était une des antiques limites du désert, domaine des moines du monastère de la Grande Chartreuse. Sur une de ses pierres, on distinguait une inscription pratiquement effacée : *Stat crux dum volvitur orbis**.

Le cycliste arrivé au col, s'arrêta près de Marc pour se rhabiller maintenant qu'il avait fini son violent effort. Il n'était pas tout jeune, peut être cinquante cinq ans, mais son visage bronzé et son corps musclé montraient son excellente forme.

- C'est une belle montée que vous venez de faire. Lui dit Marc

- Oui, ça grimpe fort, mais cela en vaut la peine car la route redescend maintenant jusqu'à Saint-Laurent du Pont. C'est une succession de tunnels et de ponts, c'est superbe. C'est interdit aux voitures, donc parfait pour les cyclistes.

- Je cherche le chalet de la Charmette, savez-vous où il se trouve ?

- A deux pas d'ici, au bout de cette petite route qui part sur la gauche. Je sais qu'on peut y casser la croûte et même y dormir je crois. Bon, je vais y aller car j'ai encore beaucoup de route et je me demande s'il ne va pas pleuvoir avant ce soir. Le temps change vite à cette saison.

* *La croix se tient debout tandis que tourne le monde. Devise des Chartreux.*

Il remonta sur son vélo et attaqua la descente. Il prit rapidement de la vitesse et disparut dans le premier virage.
Marc reprit sa voiture et s'engagea sur la petite route que lui avait indiquée le cycliste. Quelques centaines de mètres à peine et il aperçut un grand bâtiment au toit de tôles et aux volets de bois peints en vert.
Il se gara sur le parking gravillonné proche du bâtiment. Un tas de bois s'appuyait le long du mur et devant la porte d'entrée, quelques tables étaient dressées. Des randonneurs s'y étaient installés pour déjeuner.
Il était treize heures passées et Marc avait faim.
Il chercha des yeux le maître des lieux et conclut que ce devait être cette jeune femme qui servait les convives d'un geste précis et rapide.
- Bonjour, je peux déjeuner ?
- Oui, mettez-vous là, à moins que vous ne vouliez être à l'ombre ?
- Non, le soleil me convient.
- Il n'y a qu'un menu : salade verte, côtelettes d'agneau avec du gratin dauphinois et tarte aux myrtilles. Ca va ?
- C'est parfait.
Marc la regardait pendant qu'elle installait les couverts. C'était une jolie fille des montagnes. Assez grande, brune, les cheveux relevés par une

barrette, elle était habillée d'une paire de jeans et d'un tee-shirt. Elle avait un corps de sportive et les petites rides aux coins de ces yeux indiquaient qu'elle devait approcher des quarante ans. Marc lui trouva un charme trouble, mais en même temps quelque chose chez elle le mettait mal à l'aise. Cela venait de la façon dont elle souriait. Elle le faisait avec sa bouche, mais ses yeux restaient froids, comme si elle était sur ses gardes.

Le repas fut une merveille. Des plats simples, préparés avec des produits sains et naturels. Tout avait un goût excellent. Marc prit son temps pour déjeuner, se laissant chauffer par les rayons du soleil. Autour de lui, les randonneurs faisaient de même et discutaient à voix basse. De la terrasse, la vue était là-aussi superbe sur les montagnes environnantes.

Un garçon d'une dizaine d'années aidait la jeune femme à débarrasser les tables.

Marc reprit un second café et quand elle vint le lui porter, il lui demanda.

- Je voudrais aller jusqu'à Malamille. C'est loin ?

- Au moins une heure et demi pour y aller et autant pour revenir. Cela va être juste cet après midi, il est déjà tard. Et je me demande s'il ne va pas pleuvoir avant la nuit.

Marc regarda incrédule le ciel d'un beau bleu où quelques petits nuages blancs paraissaient bien inoffensifs.

- Alors, j'irai demain matin. Il paraît qu'on peut dormir ici ?

La jeune femme semblait hésiter à répondre.

- Et bien, oui, en principe. Il n'y a personne d'inscrit pour le moment. Mais il faut savoir qu'il n'y a pas d'eau chaude et qu'un sac de couchage est indispensable. C'est un gîte ici, pas un hôtel.

- J'ai tout ce qu'il faut dans ma voiture.

- Bon, dit-elle comme à regret. Si vous le désirez, vous pouvez dormir ici.

Peu à peu, les randonneurs quittaient le chalet. Ils étaient montés de bonne heure, avaient garé leur voiture au col ou sur le parking du refuge et avaient fait une belle balade avant de venir déjeuner. Ils redescendaient maintenant chez eux dans la vallée après une bonne journée.

Marc passa la fin de l'après-midi à fureter autour du gîte. Il se souvenait de Nico lui racontant les nuits de garde près de ce bâtiment en compagnie de son ami Guido. Il chercha les endroits décrits, mais il eut du mal à se situer.

Vers 18 heures, le ciel s'était couvert et la température avait fraîchi. En arrivant près du chalet, il vit le petit garçon monter dans une

voiture que conduisait une jeune femme qu'il n'avait encore jamais vue. La gardienne du refuge fit un petit signe de la main et la voiture partit en faisant voler les cailloux du chemin.
- C'est mon fils. Lui dit-elle. Il préfère passer la soirée chez sa tante au village. Il n'y a pas la télé ici, alors il s'ennuie un peu. Mais entrez, il commence à faire frais.
Ils entrèrent dans la salle du rez-de-chaussée. C'était une grande pièce aux murs recouverts de lambris délavés. Un pilier de bois se dressait au centre de la salle au sol cimenté. Un feu brûlait dans la grande cheminée de pierre grise et projetait une lumière dansante sur la dizaine de tables et de bancs qui meublaient la pièce.
La jeune femme entreprit d'allumer les trois lampes tempêtes qui pendaient au plafond.
- Il n'y a pas d'électricité ici. Dit-elle. Et nous serons seuls ce soir.
- Cela vous fait peur ? demanda Marc
- Peur ? Bien que je sache depuis longtemps que tous les hommes sont des salopards, je n'ai pas peur de vous. J'ai un fusil dans ma chambre et comme tous ceux qui vivent dans ces montagnes, je sais m'en servir. Voulez-vous une bière ?
- Avec plaisir.
Il s'installa devant la cheminée, la canette à la main et resta un long moment à regarder les

flammes. Dehors, un premier grondement de tonnerre se fit entendre. Puis un second, plus fort et plus près. Soudain, l'orage éclata au-dessus du chalet. La pluie cinglait les petits carreaux des fenêtres et les éclairs illuminaient la nuit qui tombait.
Qu'il est agréable d'être au sec, un verre à la main quand dehors la nature se déchaîne. C'est une sensation de pur bonheur.
Marc entendait la jeune femme qui s'activait dans la cuisine attenante à la grande salle.
Quel étrange personnage. On dirait un jeune chien qui a été frappé par son maître et qui n'ose plus faire confiance aux hommes.
Elle apporta des couverts et dressa une table près de la cheminée.
- Si vous le voulez bien, ce soir nous dînerons ensemble.
- Mais certainement, j'espérais bien qu'il en soit ainsi.
Le dîner était composé de charcuterie et d'une soupe épaisse dans laquelle ils coupèrent de gros morceaux de pain. C'était chaud, c'était bon.
La jeune femme semblait se détendre un peu. Peut-être le vin ou la chaleur du feu.
- C'est souvent calme comme ce soir ? demanda Marc

- Ca arrive. Le gîte est constamment plein en juillet et août, mais en mai, juin et septembre, c'est très irrégulier. Quant aux autres mois de l'année, le chalet est fermé. L'hiver, la route du col est coupée par la neige et je redescends au village.
- Vous devez voir monter tous les Grenoblois.
- Détrompez-vous. Bien que ce soit l'un des cols de Chartreuse le plus proche de la ville, peu de Grenoblois le connaissent. J'ai parfois plus de Lyonnais qui viennent passer le week-end ici que de gens du coin.
- Le chalet vous appartient ?
- Non, il est la propriété de l'O.N.F.* qui confie l'exploitation du gîte à des privés. C'est le troisième été que je m'en occupe.
- C'est vraiment superbe ici, on dirait que rien n'a changé depuis cinquante ans au moins.
- C'est vrai. C'est d'ailleurs ce qui me plaît. Le chalet est un refuge pour moi, une planque dans le monde d'aujourd'hui. Je ne pense pas que je resterais si le chalet était moderne et constamment rempli de touristes bruyants. Et vous, que venez-vous chercher ici ? C'est plutôt rare les randonneurs solitaires.

**Office National des Forêts.*

- Je suis venu sur les traces d'un vieil ami qui était au maquis dans ce coin. Dans ce chalet même d'ailleurs. Une sorte de pèlerinage en quelque sorte.
- Je ne savais pas que le chalet avait abrité un maquis. Il faut dire que la guerre est un sujet un peu tabou ici. Je sais qu'il s'est passé des tas de choses, mais on n'en parle jamais clairement. Les vieux chuchotent encore à voix basse et les jeunes s'en foutent. Vous avez vu en bas sur la route, ils ont mis une stèle en mémoire des maquis. A part ça, on ne sait rien de précis.
Dehors, l'orage s'était éloigné vers l'est et devait maintenant empêcher de dormir les moines du monastère de la Grande Chartreuse. Il pleuvait encore, mais moins fort.
- Comment vous appelez-vous ? demanda Marc.
- Martine.
La jeune femme alla chercher du café et ramena une bouteille de Chartreuse verte. Elle versa le breuvage dans deux petits verres à pied.
Ils dégustèrent l'élixir* à petites gorgées.

**La recette de cet élixir fut donnée par le Maréchal d'Estrées à la Chartreuse de Paris. Elle parvint en 1737 à la Grande Chartreuse, mais peu précise, elle sera remaniée à plusieurs reprises par les apothicaires successifs du monastère.*

Marc sentit l'alcool lui chauffer la bouche et l'engourdir un peu plus, augmentant la sensation de détente qu'il ressentait ce soir.
Martine semblait complètement détendue maintenant. Marc remarqua qu'elle souriait autant des yeux que des lèvres.
- Pourquoi m'avez-vous dit que tous les hommes étaient des salopards ?
- Parce que tous ceux que j'ai connus n'étaient que des égoïstes et des machos. Le père de mon fils s'est sauvé dès qu'il a su que j'étais enceinte. Même mon père n'est qu'un vieux combinard qui en a fait voir de toutes les couleurs à ma mère et qui a passé sa vie à courir les montagnes. Alors, j'ai compris qu'il valait mieux se méfier des hommes en général. Je vous choque ?
- Non, mais je pense que vous n'avez pas eu de chance. Il y a des hommes très bien qui vous conviendraient sûrement.
- N'essayez pas de me vendre votre came, je ne suis pas preneuse. Mais n'allez pas penser que je préfère les femmes maintenant. Dit-elle avec un demi-sourire.
Marc ne sut que répondre et plongea son nez dans son verre de Chartreuse.
La jeune femme se leva et commença à débarrasser la table.

- Demain et après-demain seront de grosses journées pour moi. Chaque été, des éleveurs de la région mettent leurs génisses en alpages dans le coin. Certains viennent de loin : Vienne, Romans, la Tour du Pin. L'été est fini, il est temps de redescendre les bêtes maintenant. C'est une sorte de grande fête qui se prépare, vous verrez. Ils vont réunir les troupeaux dans le grand champ derrière pour les embarquer sur le parking. Ca va brasser, trois cents génisses et des dizaines de paysans. Je vais avoir beaucoup de travail.

Après l'avoir aidé à faire la vaisselle, Marc prit congé de la jeune femme et alla s'installer dans le dortoir de huit places qui était bien grand pour lui seul.

Il s'installa confortablement et écoutant la pluie tomber sur le toit de tôle, bouquina un vieux roman trouvé sur une étagère, à la lumière chiche d'une des lampes tempête que Martine lui avait laissée.

Il vit la poignée de la porte tourner lentement et La jeune femme apparut dans l'encadrement. Elle avait détaché ses cheveux et n'était vêtue que d'une chemise de bûcheron qui lui arrivait au milieu des cuisses.

Elle restait là à le regarder, sans un mot.

Marc se sentit obligé de dire quelque chose :

- Vous avez peur de l’orage ?
Elle ne répondait pas et continuait à le fixer.
Alors, il lui tendit la main qu’elle saisit et il l’attira à lui.
Dehors, la pluie s’était arrêtée.

22

Le jour qui entrait dans la chambre par la lucarne réveilla Marc. Il était seul dans le dortoir et entendait un bruit de moteur sur le parking.

Il sortit sur le perron. Il ne pleuvait pas, mais les nuages s'accrochaient aux arbres et il faisait frais.

Des éleveurs commençaient à arriver au volant de camions tractant de grandes remorques bétaillères. Ils se garaient soigneusement sur le parking et se saluaient chaleureusement, visiblement ravis de se retrouver. Puis ils se dirigeaient vers le gîte, sans doute pour prendre un petit déjeuner.

Marc fit une toilette rapide, torse nu devant le bassin où coulait un filet d'eau glacée. Cela ne le gênait pas, il en avait vu d'autres au cours de sa vie de soldat.

Il se dirigea ensuite vers le gîte où les paysans étaient attablés et parlaient fort.

Martine était dans la cuisine et Marc alla la rejoindre.

Elle lui tournait le dos et il voulut déposer un baiser sur sa nuque dégagée par les cheveux relevés.
Sentant son geste, elle le repoussa violemment et lui dit :
- Restez tranquille, ce qui s'est passé cette nuit est du passé. Comme je vous l'ai dit, je ne suis pas preneuse du coté sentimental.
Au moins c'était clair. Marc retourna dans la grande salle et la jeune femme lui apporta son petit déjeuner.
- Vous comptiez dormir ici ce soir ? demanda-t-elle. Je ne crois pas que cela soit bien possible. Je dois loger les bergers qui vont arriver avec les bêtes.
Décidément, elle voulait vraiment le voir partir.
- Non, je vais faire ma balade et je redescendrai ce soir à Grenoble. Pouvez-vous me préparer un pique-nique ?
- Bien sur, pas de problème. Pardonnez-moi, mais je vais être très occupée ces deux jours.
De nouveau elle ne souriait plus qu'avec sa bouche. Marc se dit que ce n'était pas plus mal ainsi. Il n'était rien pour elle, elle n'était rien pour lui. Peut-être un peu brutal comme révélation, mais c'était la vérité.
Il prépara soigneusement son équipement : ses chaussures de marche, un pantalon de treillis et

une veste de pluie. Dans son sac à dos, il glissa une pelle pliante, la carte, une boussole, une grande bouteille d'eau et le pique-nique que lui avait préparé la jeune femme.
Il partit par la route jusqu'au col, croisant des paysans qui continuaient d'arriver avec leurs bétaillères.
Au col, suivant les indications de Martine, il prit le chemin qui longeait la forêt. Tout le long, des piles de tronc avaient été entassées par les bûcherons. Depuis toujours, le coin était une zone d'exploitation forestière.
Le chemin avait été défoncé par les tracteurs des forestiers qui traînaient les troncs et la pluie n'avait fait qu'empirer les choses. Ce n'était qu'un cloaque fangeux difficile à suivre.
Marc voulut traverser le chemin et s'enfonça dans la boue jusqu'au genou. Il sentit la gadoue pénétrer dans sa chaussure qu'il faillit laisser dans le trou en retirant son pied.
Il décida de longer le chemin en se tenant dans le bois, ce qui ralentit considérablement sa marche. Il lui fallait contourner ou escalader sans cesse des arbres tombés, traverser des massifs de ronces ou des grandes fougères.
Il découvrit de très nombreux champignons, surtout ceux de couleur orangée qu'on appelle

couramment sanguins et dont il ignorait le nom savant. Il aurait pu en ramasser des sacs entiers.
Enfin, le chemin se rétrécit et redevint plus sec. Les tracteurs n'étaient pas venus jusque là. Marc put de nouveau reprendre un pas plus rapide.
Le chemin maintenant descendait en grands lacets au milieu de massifs de fougères. Il rejoignit un autre sentier et un petit panneau de bois cloué sur un arbre indiquait vers la droite le col de la Cochette.
Il approchait.
Le col était une entaille, un coup de sabre dans la montagne.
Le chemin l'escaladait en de nombreux zigs-zags et la pente était si raide qu'il fallait se pencher parfois pour ne pas glisser.
Marc eut une pensée pour le groupe qui avait grimpé ce passage avec les containers d'armes sur le dos.
Plus il montait, plus le col se resserrait. Un arbre était tombé en travers et couvrait le chemin comme s'il voulait le dissimuler.
Arrivé au sommet, le passage était si étroit que l'on pouvait toucher les deux parois en tendant les bras. On aurait pu fermer le col par une porte.
Marc découvrit le petit chemin, à peine tracé, qui s'éloignait sur le côté et devait conduire à la

grotte à laquelle Nico avait tant pensée toutes ces années.
Marc s'assit un moment pour boire un peu d'eau. Bientôt, il connaîtrait le fin mot de cette histoire. Comme souvent au moment de connaître la solution d'une énigme, il n'était plus vraiment pressé d'aboutir. Trouver la clé du mystère signifiait surtout terminer l'enquête. C'était toujours un peu triste. Il ne garderait plus de toute cette aventure que des souvenirs. Avec de la chance, peut-être un peu d'argent, mais il ne ressentirait plus cette discrète excitation.
Marc se dit que la grotte attendrait bien encore quelques heures. Il était curieux d'aller jusqu'à Malamille pour voir si le habert était tel qu'il se l'était imaginé.
Il reprit le chemin qui dégringolait rapidement de l'autre côté du col. Après une série de lacets, le chemin s'élargissait et filait vers Saint-Pierre de Chartreuse.
Après une bonne demi-heure de marche, le habert apparut dans un virage. Les trois bâtiments étaient bien comme les avait décrits Nico. Le plus grand, possédait une grande porte cochère et par une fenêtre sans carreau, il laissait voir un sol boueux marqué par des sabots de vaches. Le bâtiment de deux étages était fermé à clé. Quelques noms étaient gravés dans le bois de

la porte, mais Marc n'en reconnut aucun. Sur le mur, un grand chamois était peint. Il ressemblait au symbole des maquis du Vercors et Marc se demanda quelle pouvait être sa véritable signification, ici en Chartreuse.
Quant au troisième petit bâtiment, il était noyé dans un massif d'orties géant, ce qui prouvait bien que personne n'y était entré depuis longtemps.
Marc s'installa sur un muret de pierres le long du chemin et sortit le pique-nique de son sac. Contemplant le site, il repensait aux paroles de Nico. Il imaginait les hommes jouant au football dans le champ. Rien n'avait vraiment changé. Seuls les arbres du fond avaient poussé, empêchant de voir le monastère sur l'autre versant de la vallée.
L'histoire était passée comme un souffle, ne laissant pratiquement aucune trace.
Sans doute était-ce mieux ainsi.
Une famille de promeneurs arriva par la route goudronnée qui filait vers Saint-Pierre de Chartreuse.
C'était un couple jeune, avec deux enfants qui gambadaient.
Les parents avaient chacun un sac à dos. Ils saluèrent Marc, étonnés sans doute de rencontrer un randonneur solitaire et s'installèrent dans le

champ au soleil, au pied des bâtiments. Ils déplièrent une bâche pour s'asseoir au sec et sortirent leurs victuailles. Le père se mit à jouer au football avec ses enfants.
Marc eut l'impression que les rires des enfants chassaient les fantômes.
Il se leva et reprit le chemin vers le col.
Il était temps d'aller voir de l'autre côté du miroir.

23

Arrivé au col, Marc dut s'arrêter pour reprendre son souffle. Le temps était toujours aussi gris et les nuages ressemblaient à de gros paquets de ouate accrochés aux sommets des sapins.
L'hiver allait bientôt s'installer et ce coin resterait coupé du monde jusqu'en mai prochain.
Le petit sentier à peine marqué qui quittait le chemin était glissant de boue et de feuilles mortes. Marc savait ce qu'il allait trouver, Nico lui ayant très précisément décrit les lieux. Mais en tournant au coin de la falaise, il fut totalement désorienté. Rien n'était comme prévu. Le pan de falaise blanche avec un surplomb n'existait pas. A sa place, un immense éboulis courait jusqu'aux premiers arbres plus bas.
Marc mit un instant à comprendre. La montagne s'était effondrée, recouvrant l'entrée de la grotte sous des centaines de tonnes de rochers. Il faudrait des engins lourds et des dizaines d'ouvriers pour la dégager, sans compter que le

reste de la montagne risquait de suivre le même chemin.
L'aventure s'arrêtait là. La montagne ne rendrait jamais les armes et l'or.
Il contempla un long moment l'éboulis. Que dirait le vieux ? Ne penserait-il pas que Marc lui raconte des histoires pour garder le butin pour lui seul. ? Il aurait dû prendre un appareil photo afin d'avoir des preuves.
Un bruit sur le chemin le fit se retourner. Un homme arrivait. Il avançait à pas lents comme le font ceux habitués aux courses en montagne où la durée vaut mieux que la vitesse. Il tenait dans sa main droite une grande canne dont le pommeau était sculpté en forme de poing fermé. Sous son bras gauche, pendait une carabine de chasse, le canon dirigé vers l'avant. L'homme portait une veste camouflée dans les tons feuilles mortes et un pantalon de toile foncée. Des guêtres imperméables vertes protégeaient ses chaussures de marche. Il était coiffé d'un chapeau de feutre beige et portait, pendues à son cou, une paire de jumelles.
C'était un chasseur de chamois.
Quand il fut près de Marc, celui-ci se rendit compte que le chasseur était un vieil homme. Son visage cuit par le soleil était ridé comme une

vieille pomme. Il avait l'air sérieux et ne souriait pas.
Marc, en ancien militaire, regarda attentivement la carabine. C'était une Manlicher 270 en calibre 7 mm. La crosse était sculptée et le canon était surmonté d'une lunette grossissante. Une bonne carabine de chasse pour le gros gibier.
Marc le salua d'un geste et lui demanda :
- Vous êtes sur une piste ?
Le chasseur ne répondit pas à son salut et le fixa de ses petits yeux cachés dans l'ombre de son chapeau.
- Qu'est-ce que vous faites là ? demanda-t-il d'un air peu aimable.
- Je me promène, mais j'ai dû me tromper de sentier.
- C'est ça ! Raconte-moi tes salades. Je sais qui tu es. Tu as dormi cette nuit chez ma fille et tu t'intéresses aux choses qui datent de la guerre. Tu crois que je ne sais pas ce que tu cherches ? Tu veux me prendre mon or ! Mais la montagne me le garde jusqu'au jour où je pourrai le récupérer. je veille dessus depuis sans arrêt et c'est pas toi qui va me le voler.
- Votre fille ! s'exclama Marc.
Le chasseur parlait fort, faisant de grands gestes avec sa canne et Marc pensa que ce vieil homme n'avait plus toute sa tête.

Le vieux braqua son arme sur Marc et reprit :
- Je suis le roi des ces montagnes, je connais chaque pierre, chaque arbre, chaque bête de ces parages. Toutes ces années passées à veiller sur mon or. J'en ai vu passer des promeneurs, des chasseurs, des ramasseurs de champignons et de vulnéraire*. J'ai vu arriver les skieurs de randonnée et les surfeurs comme ils disent. Alors, tu penses bien que je n'ai pas fait tout ça pour te laisser me voler. Tu n'es pas le premier à essayer. Il y en a un déjà qui est venu avant toi. C'était dans les années 50. Un Italien qui jouait de l'harmonica. Il s'était mis en tête de déblayer l'éboulis avec une pelle. Il chantait quand je l'ai surpris. Je l'ai flingué comme je vais te flinguer aujourd'hui. Regardes, je l'ai enterré au pied de l'arbre mort, sous le tas de cailloux.
- C'est vous aussi qui avez guidé les Allemands ce jour là ?

**Hypericum Nummularium. Fleur de montagne assez rare. Utilisée pour faire des tisanes et pour mettre à macérer dans l'alcool, elle est appelée Vulnéraire des Chartreux car entrant sans doute dans la composition de l'élixir. Un arrêté en autorise la cueillette dans le parc de Chartreuse dans la limite de ce qu'une main peut contenir.*

Mais je n'ai rien dit aux boches, je leur ai juste donné les maquisards. L'or était pour moi.
- Vous n'êtes qu'un vieux salaud !
- Bien sûr. Qu'est-ce que tu crois ? Je savais tout des armes et surtout de l'or. J'avais aidé le premier groupe à les cacher près de la grange de mon père et j'ai su qu'un autre groupe voulait se les approprier.
- Peut-être ! Mais je suis vivant et potentiellement riche. Et puis, reprit-il d'un air malin, il y a prescription. C'est vieux tout ça. Je ne crains plus rien. Il ne me reste plus qu'à m'occuper de toi discrètement.
C'est ça, pensa Marc. On peut faire toutes les saloperies possibles et dire d'une voix douce : il y a prescription ! Et puis la société magnanime doit pardonner. C'est bien facile, n'est-ce pas ?
Et bien moi, je ne suis ni gentil, ni magnanime. De toutes façons, la question ne se pose pas. Ce vieux salaud est dangereux. Il va me flinguer sans hésiter. Alors, je n'ai pas d'autre choix que d'essayer de le crever. C'est risqué, mais moins que de rester sans rien faire. Je dois arriver à saisir, dévier le canon du fusil et lui planter ma griffe dans la gorge.
Marc portait autour du cou un lacet où était pendu une espèce de petit couteau d'à peu près sept centimètres, muni d'une lame triangulaire. Il

était fixé dans un étui auto serrant, le manche vers le bas, et il suffisait de tirer dessus pour le libérer. Il était en carbone, indétectable aux portiques de détection et coupait comme un rasoir. Le manche, légèrement incurvé, était muni d'un trou dans lequel on passait, soit l'index, soit le petit doigt, pour varier les prises et ainsi les façons de frapper. Un souvenir des Forces Spéciales.

La seule difficulté avec cette arme était d'arriver suffisamment près de son adversaire.

Faisant un pas en avant, Marc ouvrit sa veste et sortit le bas de sa chemise de son pantalon comme s'il avait trop chaud.

Maintenant, un simple geste, mille fois répété, lui permettrait de sortir son arme.

Le vieux chasseur regarda les gestes de Marc d'un air inquiet et recula d'un pas.

- Qu'est-ce que tu fais ? Reste à ta place !

Puis il reprit :

- Mais qui t'as dit ce qu'il y avait ici ?

- Quelqu'un qui était présent ce jour là. Répondit Marc en regardant discrètement derrière les pieds du vieux.

- Je ne savais pas qu'il y en avait encore un de vivant. Tu vois, j'ai bien fait de ne pas laisser tomber ma surveillance.

- Vous ne pourrez jamais récupérer tout cela.

- Mais si. J'en suis sûr. Je trouverai les moyens de le dégager. Mais surtout si je ne le récupère pas, alors personne d'autre ne le fera !
Marc, doucement, fit un pas de plus.
Le vieux s'écria :
- Stop !
Il pointa son fusil sur la poitrine de Marc et fit un autre pas en arrière pour assurer sa posture.
Il était arrivé en bordure du plateau rocheux et perdant l'équilibre, bascula en arrière.
Marc le vit disparaître et aussitôt, un coup de feu déchira le silence de la montagne.
Prudemment, il s'approcha du bord.
Le vieux était tombé sur un petit plateau herbu, à deux mètres en dessous à peine. Son doigt pris dans le pontet de la carabine avait appuyé sur la détente et le coup était parti. La balle était entré sous le menton et avait emporté la moitié du crâne du vieux chasseur.
Il gisait parmi les colchiques, dans une posture étrange, une jambe repliée sous lui. Son chapeau avait disparu.
Marc contempla un long moment le corps inanimé. Le hasard avait réglé l'affaire. Mais certains disent que le hasard n'existe pas et que ce que l'on prend pour une chose fortuite est la manifestation de la volonté divine.

Il regarda autour de lui. Le silence avait repris. Quand on retrouvera le vieux, on conclura à un accident de chasse et ainsi se refermera définitivement l'histoire de l'or du maquis de Chartreuse.
Il allait repartir quand un détail éveilla son attention. Au bras du vieux qui tenait encore la carabine, une montre brillait à son poignet. C'était une vieille montre chronomètre avec un cadran bleu munie d'un bracelet de métal.
Marc sauta sur le talus herbu, faisant attention à ne pas laisser trop de traces de pas et détacha la montre du poignet du mort. Puis il ramassa une poignée de colchiques et regrimpa sur le plateau rocheux pour récupérer son sac à dos.
Repartant par le chemin, il s'arrêta un instant pour déposer le bouquet de fleurs sauvages sur le tas de cailloux au pied du vieil arbre mort.
Haut dans le ciel, un rapace faisait de grands cercles en contemplant la scène.

24

Quand Marc arriva dans le service hospitalier, il croisa la surveillante qui lui fit une grimace explicite en lui désignant la porte du menton.
La chambre était plongée dans une légère pénombre que procuraient les stores fermés.
Le vieux respirait faiblement et péniblement.
Entendant la porte s'ouvrir, il tourna lentement la tête et demanda.
- C'est toi ? J'ai bien cru que j'allais partir sans te revoir. Alors ?
- La montagne s'est effondrée sur la grotte et plus personne ne pourra récupérer les armes et l'or.
- Ah ! C'est pas plus mal pour les armes, et pour l'or, là où je vais je n'en aurai pas besoin. C'est dommage pour toi, cela aurait pu te servir.
- Et oui, tant pis. Vous m'avez quand même offert une belle histoire. Pour moi cela a autant de valeur.
Marc sortit la montre de sa poche et la posa sur le lit du vieux.

Celui-ci la regarda et ses yeux brillèrent soudain d'un éclat plus vif. Marc sut qu'il l'avait reconnue.
- Ce salopard ! Tu l'as retrouvé ?
- Oui et maintenant il n'en aura plus besoin.
Le vieux regarda Marc avec un léger sourire.
- C'est bien, tu as bien fait de monter là-haut.
Il laissa retomber sa tête sur son oreiller, épuisé.
Marc resta un long moment près du lit. Le vieux ne disait plus rien, il respirait de plus en plus péniblement.
Marc se décida enfin à partir. Il se pencha sur le lit et chuchota :
- Adieu, mon vieux.
Au moment où il allait passer la porte, le vieux répondit faiblement.
- Adieu, mon fils.
Marc traîna un long moment dans le centre ville et dîna tristement, seul dans une pizzeria.
Il rentra tard à son hôtel et ne pouvant dormir, regarda sans la voir la télévision.
Un coup de fil vers minuit le réveilla alors que le poste marchait encore.
C'était l'hôpital qui le prévenait que le vieux s'en était allé.
Marc prit une petite bouteille de whisky dans le minibar et sortit sur la terrasse.

Le ciel était dégagé et on voyait des maisons éclairées au flanc des montagnes.
Etaient-ce les larmes ? Marc fut persuadé de voir s'allumer une nouvelle étoile au-dessus des sommets silencieux de la Chartreuse.

Promenons nous dans l'histoire.....

Si l'histoire vous a plu et que vous désirez
retrouver les lieux où elle s'est déroulée,
nous avons préparé pour vous
quelques fiches de promenades.

Au départ de Saint Egrève

Le camp de Girieux

Départ 950 m Arrivée 1260 m
Durée aller retour : 1 h 45 (1 h 00 + 0 h 45)
En voiture, gagner Proveyzieux par la D 105, quitter la route du col de la Charmette à Pomarey et prendre la route de Planfay.
La circulation automobile est interdite à partir de la dernière maison du village de Planfay.
La promenade commence ici.
Après quelques virages, vous passerez entre les deux gros rochers où Nico et son camarade ont rencontré les partisans de garde le jour où ils sont « montés » au maquis.
Suivez la route qui serpente agréablement en sous bois jusqu'à la prairie de Girieux. Il ne reste plus que deux cabanes, dont une qui a été récemment restaurée par les scouts de Saint Egrève.
C'est ici que la première compagnie du 3° bataillon FTP était cantonnée de juin à juillet 1944 avant d'en être chassée par une attaque aérienne.

Vous pouvez soit profiter de la clairière et de son point de vue panoramique soit continuer pour faire l'ascension de la Pinéa.

La Pinéa

Départ 1260 m Arrivée 1771 m
Durée 3 h 30 (2 h 00 + 1 h 30)
Prenez à l'est l'orée du bois pour trouver le « sentier Vermorel » qui monte en nombreux lacets sur la face ouest de la Pinéa. En environ deux heures, il vous permet d'atteindre l'arête nord de la Pinéa en évitant les barres rocheuses. Il faut longer cette arête vers le sud sur des pentes herbeuses. Attention pas de sentier. Vous gagnerez ensuite le sommet de la Pinéa. Retour par le même itinéraire jusqu'à la prairie de Girieux en une heure trente environ.

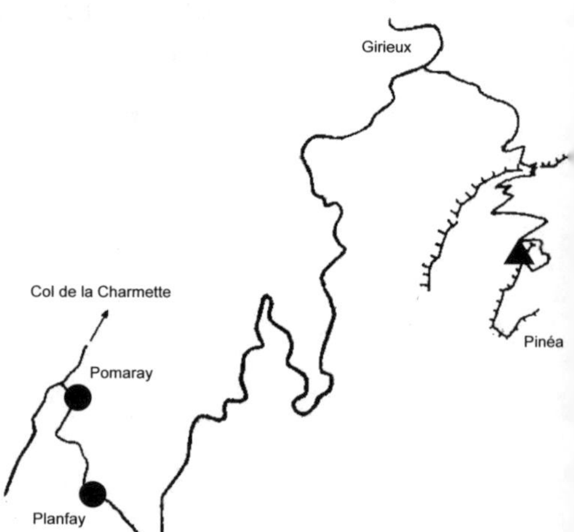

Le Chalet de la Charmette

Proveyzieux, on atteint le col de la Charmette en continuant la D105.
route est étroite, soyez prudents.
col vous pouvez stationner sur le terre plain près de l'oratoire,
prendre la petite route à gauche qui conduit au chalet de la Charmette.
chalet a abrité pendant l'été 1944 l'état major du 3° bataillon FTP
'a 1° compagnie quand elle fut chassée de Girieux par l'aviation allemande.
us pouvez rester autour du chalet et parcourir les lieux où Nico et Guido
ntaient la garde, où Nico apprit à utiliser son fusil ...
peut manger et même dormir au chalet.
us pouvez aussi en profiter pour faire de belles balades au départ du chalet.

La Grande Sure

part 1274 m Arrivée 1920 m
rée 5 h (3 h 00 + 2h)

départ se situe au fond du parking du chalet. Laisser le chemin de gauche
prendre celui de face qui s'éléve rapidement par une pente taillée dans le rocher.
ndre ensuite à gauche, le sentier qui gagne le col de la Grande Vache
un parcours vallonné en sous-bois. Le sentier descend ensuite au col de la Sure
gagne facilement le sommet de la Grande Sure.
ur le retour, revenir jusqu'au col de la Sure et prendre vers le nord en direction
col de la Petite Vache (beau belvédère). Descendre ensuite facilement vers le
de la Charmette.

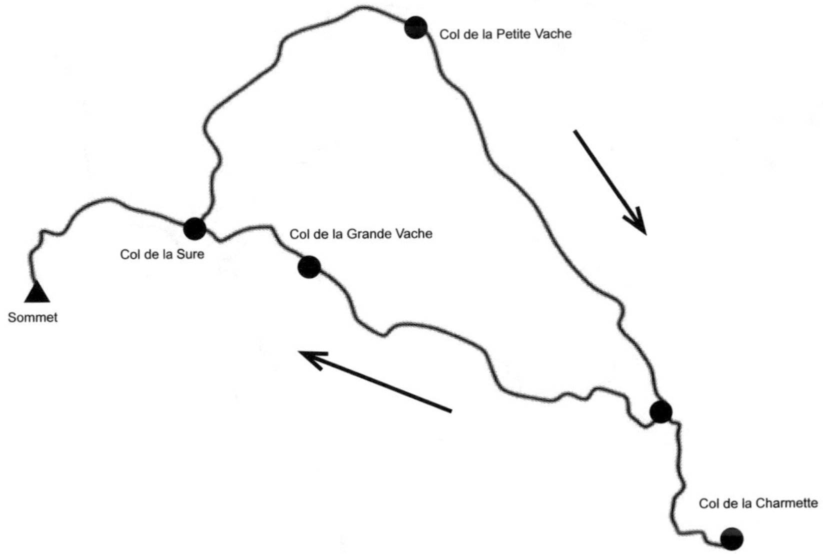

Le Charmant Som

Départ 1261 m Arrivée 1867 m
Durée 4 h (2 h 30 + 1h 30)

C'est la balade que fit Nico pour aller récupérer auprès du berger Emmanuel, un veau blessé.

Du col, près de l'oratoire, prendre le chemin du milieu parmi les trois possibles. Au bout de trente minutes environ, un chemin part vers la gauche et s'éléve sous bois en nombreux lacets. Vers 1550 m, le sentier débouche sur un chemin qui monte jusqu'à la route qui mène aux chalets.(Parfois beaucoup de monde sur cette route).
Suivre celle-ci jusqu'aux baraques et par les alpages atteindre le sommet du Charmant Som.
Pour redescendre, revenir près des chalets et prendre le sentier qui se trouve à proximité. On retourne au col de la Charmette en passant par la fontaine de l'Oursière.

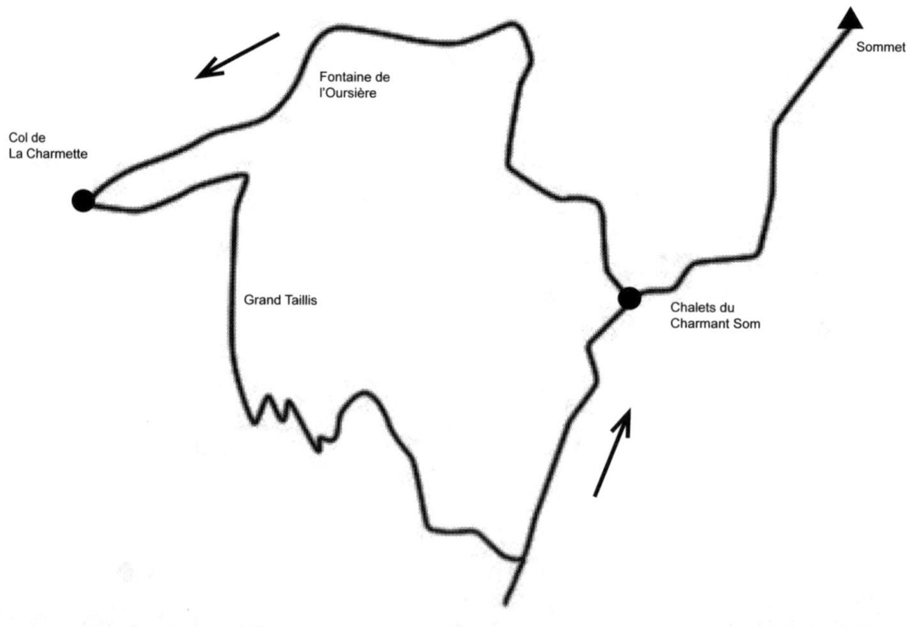

Malamille par le col de la Cochette

épart 1261 m
rivée 931 m
urée 4 h (2 h + 2 h)

est le chemin que prit la 1° compagnie du 3° bataillon début oût 1944 pour aller s'installer au habert de Malamille. C'est ssi le chemin suivi par Nico pour aller chercher son fusil au onastère de la Grande Chartreuse. Marc Falone suivra alement ce sentier pour chercher le trésor du maquis.

col de la Charmette, près de l'oratoire, un chemin longe vers le rd-est le champ et pénètre en sous-bois.

chemin était le champ de course en mules des jeunes du maquis.

isser le chemin qui monte à droite et poursuivre horizontalement rs le nord-est. Le chemin se poursuit par un sentier qui coupe un nc assez raide. Il retrouve le sentier venant de la prairie de Tenayson. endre à droite en direction du col de la Cochette. (panneau) sentier s'élève alors rapidement en lacets serrés et atteint le col i s'ouvre entre deux rochers. (1220 m). Descendre de l'autre côté. chemin assez raide fait place ensuite à un chemin qui vous mènera habert de Malamille. De la, une route goudronnée file vers int Pierre de Chartreuse.
tour par le même chemin.

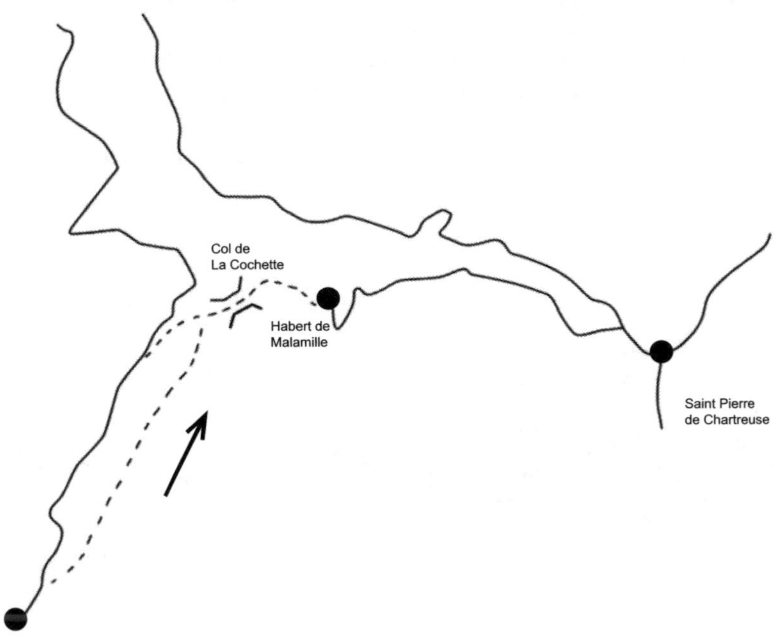

Depuis Saint Pierre de Chartreuse

Le habert de Malamille

Départ : 780 m   Arrivée : 931 m
Durée 1h 30 (1h + 0 h 30)
Garez votre voiture à la Porte de l'Enclos en aval du hameau de la Diat.
(route D 520 B, en direction de Saint Laurent du Pont)
Prendre la route forestière interdite à la circulation jusqu'au habert que vous atteindrez en moins d'une heure. Cette promenade accessible à tous offre de jolis points de vue en direction du couvent de la Grande Chartreuse.
Arrivés au habert, vous pourrez vous imaginer la 1° compagnie installée ici pendant le mois d'août 1944.
Vous pourrez aussi continuer pour faire de belles balades.

Le Belvédère des Sangles

Départ habert de Malamille :931 m Arrivée : 1010 m
Durée : 1 h (0,30 + 0,30)
Après le habert, le chemin se sépare en deux. Prendre le bras de droite.
Le belvédère vous offrira une superbe vue sur les gorges du Guiers.
Retour par le même chemin.

Le col de la Cochette

Départ Habert de Malamille : 931 m Arrivée : 1220 m
Durée : 1 h 00 (0h 30 + 0 h 30)
C'est le chemin qui mène au col de la Charmette. Nico et les hommes du maquis passaient souvent par ce chemin. C'est aussi le chemin qu'emprunta Marc pour rechercher le trésor du maquis.
Après le habert, le chemin se sépare en deux. Prendre le bras de gauche.
Le large chemin se poursuit par un sentier qui grimpe rapidement en lacets serrés jusqu'au col.
Si vous avez le courage, vous pouvez continuer jusqu'au col de la Charmette et pourquoi pas jusqu'au Charmant Som.
Retour par le même chemin.

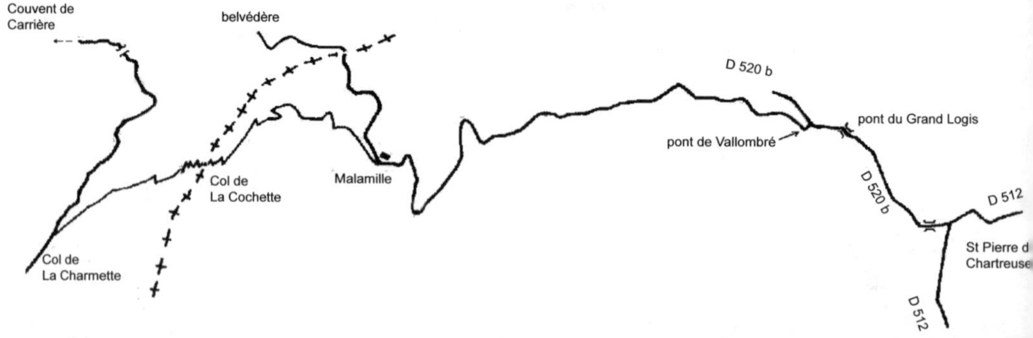

éditions CIPANGU
cipangu@free.fr
http://cipangu.free.fr

Couverture et cahier quadri : Magic World Studios
Photos : Jean Marc LAZZARON et Archives du 3° Bataillon FTPF

ISBN 2-9524303-0-6

IMPRESSION, RELIURE
IMPRIMERIE CHIRAT
42540 ST-JUST-LA-PENDUE
MAI 2005
DÉPÔT LÉGAL 2005 N° 5971

IMPRIMÉ EN FRANCE